Infant&Toddler

# 영아 미술교육

Art Education

강숙현 · 이민경 · 김진화 지음

21세기사

미술(美術)이란 미의 예술적 표현 즉, 아름다움을 예술적으로 표현한 것을 말한다. 세상에 태어나 손에 무언가를 쥐고 기고 앉을 수 있게 된 시기의 영아와 유아를 보면 인간의 예술 활동은 본능이라는 말에 적극 공감하며 미술은 순수하고 자신의 욕구와 생각을 담은 적극적인 표현이 가능한 어린 시기의 순수한 감성과 개성을 존중하고 미래의 가능성을 발현하도록 해준다는 것을 확신하게 된다.

어린 시기의 미술교육은 '미술'이라는 학습교과 영역에서의 표현으로써만이 아니라 인지적 경험과 사고의 전인유아를 실현하는 최적의 방법이다. 하지만 대부분의 성인이나 심지어는 유아관련기관의 교사들조차도 자신의 상식과 편견과 기대로 미술을 소개하고 지도하는 잘못을 저지른다. 성인의 관점에서 일방적으로 미술에 관한 지식을 가르치거나 획일적인 주제를 던져주고 고정된 결과만을 기대한다면 아이들의 표현에는 자유와 창의력이 소멸된 한계만이 나타나게 된다.

끊임없이 만지고, 찍고, 색칠하고, 무언가 만들어 보고, 색깔도 마음껏 배합해 보면서 스스로 느낄 수 있도록 주어진 충분한 시간과 재료들이 좋은 미술교육의 시작이다. 환경을 준비하고 활동과정 동안 적절한 제안과 개입을 통해 미술 활동을 즐기며 적극적으로 참여할 수 있도록 해주는 교사의 역할 또한 매우 중요하다. 특히 영아기에 주변의 여러 일상적인 소재를 다각적인 형태로 인지하고 자유롭게 표현해보는 충분한 시간과 기회가 마련되어야 한다. 따라서 아이들이 교과로 분리된 미술을 경험하는 것이 아니라 생활속에서의 창조적 상상력과 표현력을 길러가는 살아 숨쉬는 미술 이야기를 펼쳐가도록 해주어야 한다. 그러기 위해 교사는 세상의 아름다움을 인식하고 표현하는 즐거움을 경험하도록 해주고 이를 기초로 정서뿐 아니라 언어, 인지, 사회성, 창의성 발달을 돕기 위해 미술적인 지식과 영아기의 발달적 특성에 정통하여야 한다.

본서는 3세 미만의 영아와 함께 하는 놀이중심 미술교육의 방향을 제시하고 영아기 제 발달특성과 미술교육, 적합한 환경구성과 미술놀이 활동의 예를 상호작용과 함께 제안하면서 여러 소재에 기초한 다양한 활동의 설명을 덧붙였다. 제안된 활동들은 여러 재질의 종이와 다양한 색칠도구, 일상에서 흔히 접하는 여러 용품들과 쉽게 구할 수 있는 재활용품을 사용한 아름다움의 표현, 즉 생활속의 미술이야기를 가꾸어가도록 해주어 나이 어린 영아들에게 흥미를 돋우는 색다른 자극과 소중한 경험으로 남게 될 것이다.

미술교육은 아름다운 세상에 아이를 아이답게 하는 최선의 방법임을 믿는다. 우리 아이들이 그리고 싶은 세상이 많아지기를 기대하며…, 올바른 미술교육을 통한 아름다운 세상, 아름다운 아이들을 꿈꾼다.

저자 일동

Contents

# 제1부_ 이론편

| 제1장 | 1. 영아 미술교육의 이해 _12

2. 미술교육과 영아의 발달 _14
　　1) 미술교육과 영아의 신체적 발달 _14　2) 미술교육과 영아의 사회성 발달 _15
　　3) 미술교육과 영아의 정서적 발달 _16　4) 미술교육과 영아의 인지적 발달 _17
　　5) 미술교육과 영아의 창의성 발달 _18

| 제2장 | 1. 영유아의 발달단계에 따른 미술의 특징과 지도 방법 _22
　　1) 난화기(2~4세) _22　2) 전도식기(4~7세) _27

2. 영유아의 찰흙 활동의 중요성 및 발달단계 _30
　　1) 찰흙 활동의 중요성 _30　2) 찰흙 활동의 발달단계 _32

3. 영아의 발달 특성에 적합한 재료와 사용방법 _37

| 제3장 | 1. 영아의 그리기 · 만들기 영역 _42
　　1) 그리기 · 만들기 영역 _42　2) 그리기 · 만들기 영역의 자료 _43

| 제4장 | 1. 교사의 역할 _48

참고문헌 _51

**차 례**　제2부_ 실제편

|제5장| 미술 활동의 실제

1. 실그림 그리기 _56　2. 칫솔로 문질러 보기 _58　3. 비밀그림 그리기 _60

4. 공 굴려 그림 그리기 _62　5. 코스모스 꾸며보기 _64　6. 달걀판 색칠하기 _65

7. 옷에 무늬 만들어보기 _68　8. 상자에 물감 떨어뜨려 흘려보기 _70

9. 물감 짜서 눌러보기 _72　10. 물감 불기 _74


11. 종이 접어 물감 문지르기 _76　12. 손바닥 찍기 _78　13. 물감 흘리기 _82

14. 끈그림 _84　15. 분무기 뿌리기 _86　16. 구슬 굴리기 _88　17. 눈이 와요 _90

18. 손·발바닥 찍기 _92　19. 번지는 그림 그리기 _95　20. 풀 그림 그려보기 _98


21. 물 풀 그림 _100　22. 풀 장갑 인형 만들어 보기 _102

23. 색풀로 그림 그리기 _104　24. 과일 씨 그리기 _106　25. 모양 도장 찍기 _108

26. 모양 스폰지 찍어보기 _110　27. 자동차 바퀴 찍기 _112

28. 스템프 도장 찍어보기 _114　29. 야채 찍기 _116　30. 마음대로 긁적거리기 _118


31. 장난감 모양 찍어보기 _120　32. 골판지 위에서 그림 그리기 _122

33. 색칠하기 _124　34. 요술 크레파스 _126　35. 비가 내려요 _128

36. 빗 꾸며보기 _130　37. 입술 모양 찍어보기 _132　38. 커다란 상자 꾸미기 _134

39. 큰 돌멩이에 색칠하기 _135　40. 밤하늘 꾸미기 _136

# Contents

41. 칫솔 그려보기 _138    42. 신문지 옷 꾸미기 _140    43. 색종이 찢어 붙이기 _142

44. 다양한 종류의 종이 찢어보기 _144    45. 화장지 붙여보기 _146

46. 펀치로 색종이 구멍내어 붙여보기 _148    47. 도너츠 꾸며보기 _150

48. 종이 찢어 붙이기 _152    49. 그림 스티커 붙이기 _154    50. 스티커로 모양 꾸미기 _156


51. 상자 꾸미기 _157    52. 모양나라 만들기 _158    53. 포도송이 붙이기 _160

54. 얼굴 꾸미기 _162    55. 가족사진 꾸미기 _164    56. 뽕뽕이로 모양 만들기 _166

57. 휴지 위에 점찍기 _169    58. 거품 핑거페인팅 _170    59. 셀로판테이프 붙여보기 _172

60. 이쑤시개 꽂아보기 _173


61. 같은 색깔이 어디에 있을까요? _175    62. 내 얼굴이 있는 꽃 _177    63. 솜사탕 _179

64. 무슨 색으로 보일까? _181    65. 실을 따라가요 _182    66. 장난감 옷 입히기 _184

67. 자연물로 모양 만들기 _186    68. 생크림 그림 _188    69. 나비야 날아라 _190

70. 밀가루 반죽 목걸이 _192


71. 밀가루 반죽에 꽂아보기 _194    72. 밀가루 반죽 자르고 뭉치기 _196

73. 밀가루 반죽에 손·발 찍기 _199    74. 밀가루 반죽 주무르기 _201

75. 꽃잎과 나뭇잎이 밀가루 반죽을 만났을 때 _204    76. 밀가루 점토 목걸이 만들기 _206

77. 밀가루 반죽 속 보물찾기 _208    78. 밀가루 반죽 채우기 _210

Infant & Toddler
Art
Education

제1부

# 이론편

# chapter_01

1. 영아 미술교육의 이해

2. 미술교육과 영아의 발달
   1) 미술교육과 영아의 신체적 발달
   2) 미술교육과 영아의 사회성 발달
   3) 미술교육과 영아의 정서적 발달
   4) 미술교육과 영아의 인지적 발달
   5) 미술교육과 영아의 창의성 발달

# 1. 영아 미술교육의 이해

인류의 역사와 시작을 같이 한 미술활동은 처음에는 일상생활에서의 의식주를 해결해야 하는 필요에 의해서 시작 되었다. 하지만 삶의 질을 향상시키기 위한 인간의 수많은 노력에 의해 끊임없이 발전을 거듭 하면서 미술활동은 인간의 삶 그 자체로 일상생활과 밀접한 관련을 갖으면서 발전되어 왔다.

환경을 지각하며 인지해 가는 과정 속에서 깨닫게 된 삶에 대한 느낌과 생각들을 시각적 형태로 표현한 것이 미술작품이라고 한다면 영아의 삶에서 미술적 경험은 반드시 제공되어야 하는 중요한 활동이다. 영아의 삶에 있어서 미술활동은 사물의 아름다움을 수용하고 이를 내면화하게 하는 동시에 그에 대한 자신의 지각, 인식, 판단, 아이디어의 표현을 가능하게 하는 수단으로서의 역할을 한다(장현오, 1997).

인간은 누구나 본능적으로 자기표현의 욕구를 지니고 있으며, 자기표현(self-expression)을 통해서 자신의 생각이나 감정을 타인에게 전달하고 싶어한다. 자신의 감정을 타인에게 표현할 수 있는 방법의 하나인 미술활동은 인간을 인간답게 만들어 주고 인간으로서의 가치를 표현할 수 있게 하는 수단이며, 그림 그리는 감각을 예민하게 하며, 사물에 대한 명확한 관찰력을 발달시켜 주고, 이해력과 정신력을 키워 준다(Pastalozzi1965, 정남숙, 2000, 재인용).

영아 또한 마찬가지로 끊임없이 그리거나 만들기를 통하여 자기 표현을 한다. 영아기는 신체, 언어, 사회, 인지, 정서발달이 급속히 이루어지는 시기이며, 영아의 미술활동은 이와 같은 발달을 원만하게 이끌어줄 수 있는 가장 적절한 활동이라 할 수 있으며, 언어와 사고의 발달이 아직 충분하게 이루어지지 않은 영아에게는 언어자극 못지 않게 시각과 촉각을 통하여 여러 측면의 발달이 이루어진다고 보고 있다(김내선, 1993). 특히 영아에 있어 미술 활동은 창의적인 활동으로 결과가 명백하게 나타나기 때문에 음악활동, 쌓기 활동과 함께 미술 활동들을 아주 좋아한다.

미술은 자기표현의 한 수단으로 특히 복잡하고 미묘한 생각이나 개념을 말로 표현하는데 미숙한 영아에게는 의사전달의 중요한 매개체가 된다(Harris, 1963). 자신들의 경험을 표현하고 불완전한 내적 시각(inner vision)을 명확하게 해 줌으로써 주변세계와의 관계를 이해하는데 중요한 역할을 한다. 즉 영아는 자신의 생각이나 보고 느낀 것을 표현하려는 욕구를 충족시키는 한 방편으로서 그림을 그리는데, 말이나 글로 자신의 의사를 완전하게 표시하는 것을 배우기 이전에는 이미지의 전달을 위한 대체 수단으로 그림을 광범위하게 활용한다. 영아에게 있어 그림 그리는 것은 놀이와 마찬가지로 자연스럽게 감정 혹은 욕구를 분출하는 통로의 역할을 하며, 의사소통의 한가지 수단이 된다(박은덕, 2003). 영아의 미술활동은 영아의 생활과 밀접하게 관련되어 있으므로 활동을 통해서 영아를 이해할 수 있고 그들의 발달을 도와줄 수 있으며 발달영역을 통합할 수도 있는 기회를 준다는데 그 교육적 가치를 둘 수 있다(이정환,1995).

미술 활동에서 영아의 자기 표현은 타고난 잠재력과 영아의 표현욕구를 최대한으로 끌어내어 자발적이고 창의적인 자기표현을 할 수 있도록 돕는 것으로 환경과의 상호작용을 통해 발달된 행동으로 볼 수 있다. 그러므로 영아 미술활동을 위한 적절한 경험과 환경을 제공해주는 일은 아주 중요하다.

# 2. 미술교육과 영아의 발달

영아의 생활 속에서 미술교육은 신체적 발달, 사회적 발달, 정서적 발달, 인지적 발달, 창의성 발달을 돕는다(이영자, 1998; Schirmacher, 1988).

## 1) 미술교육과 영아의 신체적 발달

전체적인 신체발달 상황을 볼 때 영아기 때는 자연스런 대근육 활동 속에서 소근육을 발달시키는 활동이 적합하다고 할 수 있다. 종이 위에 크레파스를 움직여 그린다거나, 점토를 주무르고, 떼어보고, 붙이는 것, 큰 종이 위에 전신을 이용하여 자유롭게 그려보는 것, 다양한 질감의 종이에 손가락을 조절하여 문질러 보는 것과 같은 초기의 활동은 보다 정밀한 운동 근육 발달에 도움이 된다. 대근육 활동과 함께 이루어지는 소근육 활동은 두뇌발달에 매우 중요한 역할을 한다. 신경 생리학적 견해에서 볼 때 뇌 피질이 인간의 사고를 지배한다 해도 이 뇌 피질은 근원적으로 정서적 기능을 담당하는 뇌의 구조에서 발달하였기 때문에 정서기능구조가 사고를 지배하는 뇌의 기능에 엄청난 영향력을 발휘하게 된다(이인실,2004).

미술활동을 통한 신체발달은 다양한 미술활동을 통하여 발달상황을 지속적으로 평가하면서 영아의 신체적 발달을 도울 수 있는 활동을 계획할 수 있게 해준다. 즉 다양한 미술 도구를 통하여 대·소근육 사용 및 통제능력, 미술 도구의 적절한 사용정

도, 미술활동에 집중하고 지속적으로 참여하는 정도, 미술활동의 완성 등에 대한 관찰을 통하여 영아의 신체적 발달 상황을 알 수 있다.


## 2) 미술교육과 영아의 사회성 발달


영아들은 미술 활동을 통해서 사회적으로 성장할 수 있게 된다. 개개인의 독특한 면을 가지고 있는 영아들은 스스로 선택한 미술활동에 참여하면서 공통된 흥미를 가진 영아는 쉽게 집단을 형성하여 자료나 도구, 자신들의 생각을 서로 나누어 가지고 이해하게 되며 결정을 내리는 것을 배우며 집단생활에서 주고받는 상호 교류적인 태도를 경험하게 된다. 즉 미술활동은 자신과 타인에 대한 이해를 증진시키며 문제해결 및 의사결정의 기회를 제공함으로써 다른 사람의 의견, 권리, 감정들을 존중하는 것을 배우게 된다.

또한 다양한 미술활동을 통하여 발달상황을 지속적으로 평가하면서 영아의 사회

성 발달을 도울 수 있는 활동을 계획할 수 있다. 즉 혼자서 미술활동 하기, 미술자료를 가져다 쓰고 제자리에 갖다 놓기, 정리하기, 미술영역에서 규칙 지키기 등과 함께 책임감은 어떠한지, 미술활동시간에 다른 영유아와 협력하기가 가능한지, 다른 영유아의 작품을 좋아하는지 등의 관찰을 통하여 영아의 사회성 발달 상황을 알 수 있다.

## 3) 미술교육과 영아의 정서적 발달

영아들은 그들이 한 미술활동이 존중받고 받아들여질 때 간섭이나 경쟁으로부터 자유로울 때 정서적으로 즐거운 경험이 된다. 또한 스스로 선택한 재료와 감정 표현 등은 영아들로 하여금 자신감과 성취감을 주게되며, 자신의 표현과정에서 자기 성찰과 자기 인식능력이 발달된다. 표현의 과정은 자기 조절능력의 향상을 갖어 오게 되고 자기 정서능력의 발달을 이루게 된다(이인실 2004).

미술활동 과정 중에 접하게 되는 문제해결과 의사결정의 기회를 통해 자신감을 얻게 되며 긍정적인 자아개념을 발달시킨다(신정숙, 1989). 미술활동은 감정, 환상, 두려움, 좌절, 부정적 감정 등을 핑거 페인팅, 밀가루 반죽 두드리고 밟기, 종이 찢어 날리기 등과 같은 비 언어적인 방법을 통하여 표면적으로 드러나게 함으로서 긍정적이고 적합한 방법으로 해결할 수 있게 한다. 또한 미술활동을 통한 정서발달은 다양한 미술활동을 통하여 발달상황을 지속적으로 평가하면서 영아의 정서적 발달을 도울 수 있는 활동을 계획할 수 있게 해준다. 즉 미술활동에서 나타난 자신의 실수, 성공적이지 않았던 시도 등을 인정하기, 미술에 대한 자신감과 자기 확신, 미술작품을 통해서 느낌, 기분, 성격을 표현하기, 자신의 작품을 즐기고 긍지 갖기, 자신에게 감정적으로 중요한 대상을 첨가, 생략, 왜곡, 또는 과장하는가의 관찰은 통하여 영아의 정서적 발달 상황을 알 수 있다.

〈언니가 말을 안들어서 엄마가 화난 모습, 만 3세〉

## 4) 미술교육과 영아의 인지적 발달

영아는 미술활동을 통하여 다양한 자료를 접하고 탐색하고, 다양한 미술 활동을 경험하면서 크레파스, 물감, 밀가루 반죽, 색깔, 나무 젓가락, 빵칼, 색종이, 솜방망이 등과 같은 다양한 어휘를 습득하게 되고, 모양, 크기, 공간, 부피, 위치, 방향 등의 속성과 여러 가지 수학적 개념의 기초를 경험하게 되며, 물질의 변화 과정을 관찰하고 실험하면서 탐구능력과 여러 가지 재료를 다루어 봄으로서 추리능력, 문제해결 능력

〈고추가 있는 공주. 만 3세〉

이 발달한다. 미술활동을 통한 인지발달은 다양한 미술활동을 통하여 발달상황을 지속적으로 평가하면서 영아의 인지적 발달을 도울 수 있는 활동을 계획할 수 있게 해준다.

즉 자신의 작품에 대해서 말하고, 명칭을 붙이고, 간단한 문장으로 이야기를 하고, 미적 용어를 알고 사용해 보기, 색과 색의 혼합에 대해서 이해하기, 형태에 대해서 이해하기, 자신에게 중요한 사람, 장소, 사물, 경험과 사건에 대한 이해를 반영하기, 사물을 그리는 능력의 관찰을 통하여 영아의 인지적 발달 상황을 알 수 있다.

## 5) 미술교육과 영아의 창의성 발달

Lowenfeld(1975)는 미술활동에서 일어나는 창조의 과정은 그것이 학교 교육에 있어서는 교사중심의 과정인 것과는 달리 영유아에 의해 이루어질 수 있기 때문에 미술교육이야 말로 창의성을 계발하는데 적합한 교과라고 하였다. 영아가 종이 위에 자국을 만들기 시작한 순간부터 창의력 발달은 시작하게 되는데, 이러한 미술활동을 통해 창의적 표현은 영아에게 개인적인 기쁨과 만족을 주고 그로 인하여 영아의 발달에 영향을 준다(정문자, 지혜연, 이숙영,1984).

미술활동은 창조적인 사고의 배출구로서 영아들은 미술활동의 경험에 대해 표현의 제한 없이 자신만의 아이디어, 감정, 해석 등을 부여하게 되며 생각하게 된다(이영자, 이기숙,1987).

미술의 속성 자체가 새로움을 추구하기 때문에 영아들은 미술을 통해 창의성을 발휘하고 육성할 수 있으며, 창의성의 발달은 곧 미술표현의 발달이며 발달은 곧 창의성의 발달을 의미한다(정남숙, 2000).

또한 미술활동을 통한 창의성 발달은 다양한 미술활동을 통하여 발달상황을 지속적으로 평가하면서 영아의 창의성 발달을 도울 수 있는 활동을 계획할 수 있게 해 준다. 즉 다양한 매체를 사용하여 발견, 실험, 탐색하기, 여러 가지 매체, 자료, 폐품 등을 창의적으로 결합하기, 세밀함, 장식성, 정교함을 나타내기, 독창성, 상상력을 반영하기, 개인적으로 독특한 미적 진술과 관찰을 통하여 영아의 창의성발달 상황을 알 수 있다.

chapter_02

1. 영유아의 발달단계에 따른
   미술의 특징과 지도 방법

   1) 난화기(2~4세)
   2) 전도식기(4~7세)

2. 영유아의 찰흙 활동의 중요성 및 발달단계

   1) 찰흙 활동의 중요성
   2) 찰흙 활동의 발달단계

3. 영아의 발달 특성에 적합한 재료와 사용방법

# 1. 영유아의 발달 단계에 따른 미술의 특징과 지도 방법

영유아 미술의 일반적인 특징은 연령에 따라 독특한 표현법이 나타나며 일정한 단계를 거친다는 것을 알 수 있다. 영유아 미술발달 단계에 대한 이론을 제시한 학자들로는 Kellogg(1969), Lowenfeld와 Brittain(1975), Schirrmacher(1998) 등을 대표로 꼽을 수 있다. 그 중 가장 많이 인용되고 있는 Lowenfeld와 Brittain의 발달단계 이론을 기초로 80명의 영유아를 대상으로 한 연령별 그리기 결과물의 특징(이민경,1997)을 기초로 발달단계와 지도 방법을 살펴보면 다음과 같다.

## 1) 난화기(2~4세)

12개월 정도의 영아는 물건을 손으로 잡고 쥘 수 있게 되면서 그리기 도구를 손으로 잡을 수 있게 된다. 즉 그리기 도구를 손가락으로 잡지 못하고 손으로 움켜쥐고 팔을 움직이므로 정교하지 못하다.

12개월~18개월 영아 역시 걷기 시작하면서 아무데나 낙서를 한다. 이 시기의 영아는 크레용이나 연필로 긁적거리는 활동을 즐기는 것이지 어떠한 사물이나 대상을 그리려는 것은 아니다. 따라서 무엇을 그리라고 요구하는 것은 무리이다. 이 시기에는 영아가 자기 손에 크레용을 잡고 종이 위에 그리면 어떠한 흔적이 나타난다는 것만으로 충분하므로 도구를 가지고 마음껏 그려보는 활동을 격려해 주는 것이 필요하다. 이러한 활동을 지원해 주기 위해서는 큰 종이를 벽에 붙여주거나 바닥에 고정시켜 손동작을 보다 크게 움직여 볼 수 있게 할 수 있다(장영희,2001).

24개월 정도의 영아는 종이를 찢거나, 자르기, 풀로 붙이기, 테이프로 떼어 내거나 붙여 보기 등의 활동이 가능 하지만 목적을 가지고 무엇을 만들기보다는 찢어서 조각을 내거나 그것을 다시 풀로 붙여 보는 활동이 중심이 된다. 때로는 찢어서 조각을 내거나 붙인 것이 어떤 형태를 만들게도 되지만 계획적이기보다는 우연한 결과인 경우가 더 많다. 따라서 이 시기에는 만드는데 목적이 있기보다는 여러 가지 질감의 종이를 찢기, 자르기, 붙이기 등의 활동을 해 볼 수 있도록 격려한다(장영희,2001).

난화 초기단계에는 자기 표현이 시작되며 팔과 손의 긁적거림으로 움직이는 대로 선의 모양이 나타나며 무작위로 긁적거려 생긴 흔적에 관심을 가진다 즉 이시기의 그림은 무엇을 그렸는지 알 수 없는 경우가 많이 있지만 영아 자신은 어떠한 의도를 가지고 그림을 그리는 경우가 많이 있다.

영아는 자신이 의도하는 바를 그리기를 통하여 표현하게 되면서 이러한 활동에 매우 진지하게 참여하게 된다. 이 때 모양은 불규칙하게 구부러진 선과 같은 원 모양이 나타나고, 어떠한 긁적거리기 활동에는 분별이 가능한 요소가 들어있기도 한다. 즉 커다랗게 그리거나 때로는 아주 작게 표현함으로써 자신이 무엇인가를 머리 속으로 의도하는 바대로 표현한다. 일정한 곳에 긁적거리기보다는 그려서 선이 나타나는 도구 즉 크레파스, 립스틱 등으로 그림을 그릴 수 있는 특정 장소뿐 아니라 그어서 선이 나타나는 바닥, 벽, 텔레비젼, 가구, 방바닥, 책 표지, 사진 등에 긁적거리기를 좋아한다.

〈액자속 가족사진 얼굴에 긁적거림〉

그리는 장소에 따라 새로운 흥미를 가지게 되어 그려서는 안 되는 곳에도 그림을 그리는 시기이기도 하다. 따라서 이러한 영아의 욕구를 자연스럽게 표현할 수 있는 기회를 제공해 주는 것이 좋다(장영희, 2001).

〈난화 초기〉

〈난화 초기〉

　이러한 긁적거림이 반복되면서 근육운동이 발달되고 눈과 손의 협응이 생기면서 난화 중기 단계에 이르면 통제된 긁적거림으로 발전하게 된다. 이 시기에는 의도적으로 주로 종이에 긁적거리기를 하게 되면서 그림의 양상이 다양해지고 같은 모양의 중복된 원과 비슷한 모양이 나타나며, 수직이나 수평은 아직 나타나지 않는다.

〈난화 중기−원의모양이 많이 나타남〉

난화 후기 단계에 접어들면 자신이 긁적거린 그림에 이름을 붙이는데 물어볼 때마다 나타나는 모양에 맞추어 명칭이 바뀌게 되며, 그림을 다 그렸을 때 나타나는 최종적인 모양과 비슷한 사물을 대답한다. 아직도 주로 원이 많이 나타나지만 수평선

〈난화 후기−원의 모양과 수직 모양이 나타남〉

보다는 수직선 그림이 더 자주 나타나기 시작한다. 그림에 명명을 하기 시작하면서
그림 그리는 시간과 횟수가 많아지고 집중하게 된다.

## 2) 전도식기(4~7세)

난화기의 그림 특징이 비 표상화
(norepresentational art)의 특징이 있다
면 전도식기 그림의 특징은 표상화
(representational art)로 영유아 특유의
도식이 나타나기 시작한다. 초기 도식
단계에서는 긁적거리기 단계에서 나
타났던 선이나 원을 이용하여 사물을
표상하려는 시도가 나타나지만 도구
를 마음대로 움직일 수 있을 정도의
소근육이 덜 발달되어 완전한 형상을
그리지는 못한다. 즉 사물에 대해 알
고있는 만큼 그리지 못하게 되므로 미
술 활동에 있어 영유아를 바라볼 때
인지주의 입장보다는 성숙주의 입장
에서 바라보아야 하는 단계라고 할 수
있다.

〈인물화 그림 단계 1〉

기하학적 도형이 알아볼 수 있을
정도로 나타나게 되며, 초기에는 크기
의 비율이나 배치를 못하여 한쪽의 그
림이 잘려지거나 작게 그리거나 사물

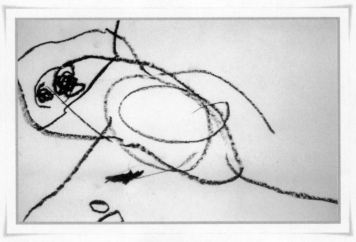

〈인물화 그림 단계 2〉

간에 상호 연관성이 없는 것처럼 여기 저기에 나열하면서 그리다가 후기에 가서는 종이의 크기에 따라 그림의 크기가 영향을 받게 된다.

그림에 등장하는 소재는 주로 인물이며, 초기의 인물화는 머리에서 다리가 나오고, 그 다음에 머리에서 다리와 팔이 나오는 두족인의 인물화를 그리다가 후기에 이르러 몸통에서 팔과 다리가 나오게 된다. 이러한 인물화가 반복되면서 점차 머리에 머리카락을 손에 손가락을 자세히 그리기 시작한다.

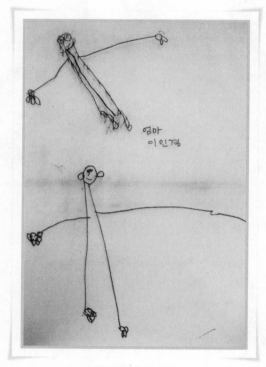

〈인물화 그림 단계 3〉

〈인물화 그림 단계 4〉

사물의 내부가 보이는 것처럼 즉 유아가 알고 있는 것은 다 그려야 된다고 생각하는 사고의 특성으로 내부를 외부와 함께 그리는 투시화(x-ray drawing)가 나타나며, 사물에 가려져 보이지 않는 부분을 생략하지 못하고 겹쳐서 그리려는 현상은 유아가

지각하고 있는 것을 모두 그리려고 하거나 알고 있는 것을 그리게 되는 지각적 사실
주의 및 인지주의 입장으로 유아를 바라보게 된다.

유아들의 그리고 싶은 욕구, 채우고 싶은 욕
구로 인하여 사람과 동물의 얼굴, 집 등은 정면
을 그리고 자동차, 동물의 몸, 사람의 발(신발),
물고기등은 옆면, 호수, 오징어, 거북이 등은 윗
면을 그리며, 식물에 눈, 코, 입을 붙여 사람의
얼굴처럼 의인화 시켜 그리기도 한다.

〈인물화 그림 단계 5〉

## 2. 영유아의 찰흙 활동의 중요성 및 발달단계

### 1) 찰흙 활동의 중요성

찰흙은 만지는 대로 모형이 이루어지기 때문에 영유아에게 성취감과 만족감을 쉽게 얻을 수 있게 해주고 감각적으로 포근한 감을 주어 영유아가 마음껏 상상력과 창의력을 펼 수 있는 재료이다. 영유아는 찰흙을 가지고 주무르고, 굴리고, 짓이기고, 손가락으로 꾹 찔러보고, 냄새도 맡으면서 원시적인 쾌감을 느끼며 만족해한다. 이러한 감각적인 활동 속에서 점차적으로 어떤 형태를 표현할 수 있는 단계로 발전하게 된다(오정현, 1987).

찰흙의 종류에는 흙, 밀가루, 종이, 고무, 톱밥 등 다양한 종류들이 많이 있다(한기정 1997). 그 중 영유아에게 가장 많이 활용되고 있고 발달에 적합한 재료는 밀가루 점토라고 할 수 있다. 부드럽고 유연한 밀가루 점토는 깨끗하고 친밀감이 있으며 어떤 연령의 영유아들도 좋아하는 매력있는 재료이다. 다양한 점토 만드는 방법을 살펴보면 다음과 같다(조봉매, 1999).

### ● 밀가루 점토 만드는 방법

① 밀가루 2컵, 물 반 컵, 소금 1컵, 식용유 4/1컵, 식용색소를 넣어 만드는 방법과

② 밀가루 2컵, 소금 1컵, 식용유 4/1컵, 천연물감(당근 즙, 시금치 즙, 오이 즙, 늙은

호박 즙, 순무 즙, 붉은 양배추 즙, 오렌지 즙, 포도 즙, 커피 물, 녹차 물 등)을 넣어 만들 수 있다. 사용하지 않은 때는 공기가 들어가지 않도록 위생 팩이나 지퍼 팩에 넣어 냉장고에 보관한다.

### ● 밀가루 풀 만드는 방법

밀가루 3컵, 물 3컵, 소금 2/1컵, 식용유 5/1컵, 식용색소나 천연물감 또는 템페라 물감을 잘 섞고 중간 불에서 계속 덩어리가 없게 저으면서 끓인다. 찰흙처럼 되직하면 차갑게 식힌다. 사용하지 않을 때는 뚜껑이 있는 용기에 보관한다.

### ● 소금 밀가루 점토

소금 3컵, 물 1컵, 밀가루 3컵, 식용색소나 천연물감 또는 템페라 물감을 충분히 섞어서 풀 반죽을 만든다.

### ● 톱밥 점토

톱밥 1컵, 밀가루 풀 반 컵, 물 반 컵을 함께 섞어서 부드러운 반죽 혼합물로 만든다. 풀에 톱밥을 넣어 만든 톱밥 점토는 다양한 질감을 표현할 수 있다.

### ● 종이점토

잘게 찢은 신문을 하루동안 물에 담가둔 뒤, 물을 짜내고 밀가루 풀과 식용유, 소금을 넣고 신문지가 유연하게 될 때까지 찧는다. 금이 잘 가지 않고 쉽게 부서지지 않는 특성이 있다.

## 2) 찰흙활동의 발달단계

Schirmacher(1998)의 찰흙활동 발달단계 이론을 기초로 하고 실제 80명의 영유아를 대상으로 한 연령별 찰흙과 밀가루 점토활동 결과물의 특징(이민경, 1997)을 기초로 발달단계를 살펴보면 다음과 같다.

### ● 탐색 단계

찰흙(도자기 흙)으로 활동을 할 수 있는 연령은 최하 2세 정도가 되어야 안전하게 활동을 할 수 있다. 하지만 밀가루 점토로는 2세 이전에도 충분히 가능하다. 이 시기에는 찰흙이나 밀가루 점토로 무엇을 만들기보다는 장난감과 같은 역할을 하면서 두드려 보고, 눌러보고, 밟아 보고, 잡아떼면서 노는 단계이다. 밀가루 점토인 경우 이 단계의 영아들은 거의 매일 재미있게 가지고 놀 수 있다.

### ● 모색단계

3세 정도가 되면 찰흙이나 밀가루 점토로 무엇을 만들 것인지에 대한 계획 없이 무작정 가지고 놀다가 우연히 만들어진 단순한 모양에 이름을 붙이고 같은 모양을 여러 개 만든다.

### ● 제작단계

4세 정도가 되면서 전 단계에 비하여 좀더 복잡한 작품이 나타나기 시작한다. 또한 입체적이지만 평면적 입체 작품의 모양을 하고 있다. 즉 서있는 형태가 아닌 그림을 그리듯이 주로 바닥에 누워있는 형태로 찰흙활동이 나타난다.

● **계획하여 제작하는 단계**

　5세가 되면 찰흙이나 밀가루 점토로 처음부터 무엇을 만들것인지 계획을 한 다음
에 활동에 들어가게 된다. 평면적 입체작과 더블어 서있는 형태의 사실적 입체작을
더 많이 만들게 되고, 다양한 색깔의 밀가루 점토를 이용하여 극놀이에 필요한 소품
을 직접 만들어 활용하기도 한다.

〈찰흙활동〉

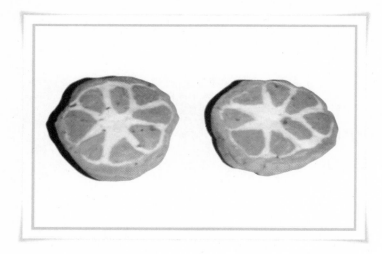

〈당근으로 만든
밀가루 점토〉

〈시금치로 만든
밀가루 점토〉

〈보라색 양배추로 만든
밀가루 점토〉

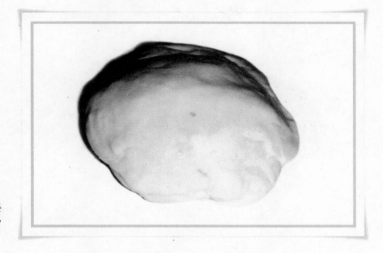

〈늙은 호박으로 만든
밀가루 점토〉

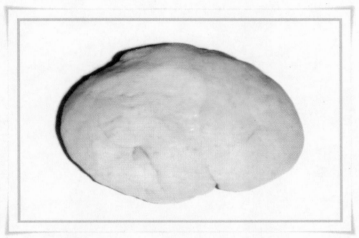

〈상치로 만든 밀가루 점토〉

〈배추잎으로 만든
밀가루 점토〉

〈커피가루로 만든
밀가루 점토〉

〈오렌지로 만든
밀가루 점토〉

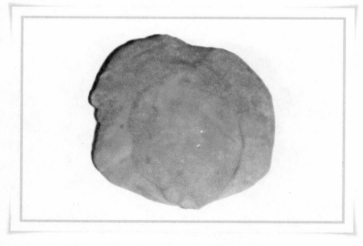

〈당근으로 만든
밀가루 점토〉

# 3. 영아의 발달 특성에 적합한 재료와 사용방법

감각운동기의 영아들에게 즐거운 미술활동이 되기 위해서는 먼저 영아의 신체발달, 정서발달, 인지 발달 즉 발달적으로 사용 가능하고 인지할 수 있는 범위내의 재료가 제공되어졌을 때 영아에게 유익한 활동으로 받아들이게 된다.

영아는 미술활동을 통해 물체의 사용능력을 촉진시키므로 무엇보다 발달 특성에 알맞은 재료와 경험을 적절하게 안내해 주는 것이 중요하다. 발달단계와 연령에 따른 영유아를 위한 적합한 재료와 사용방법을 살펴보면 다음과 같다.

난화기에 있는 영아의 지도는 긁적거리는 즐거움을 충분히 경험하도록 하는 것이 중요하다. 자료는 독소가 없고 잘 부러지지 않는 두껍고 단단한 크레용이 적합하며, 종이는 긁적거린 흔적을 볼 수 있는 흰색이 좋고 자유롭게 팔을 움직일 수 있는 크기가 적당하다. 크레용 쥐는 방법을 훈련시키는 것은 바람직하지 않으며, 여러 색깔로부터 특정한 색을 고르게 한다거나 고르지 못하게 하는 것은 영아에게 혼란을 주게 되며 사고력도 단절시키게 된다(유혜숙,2004).

물감 색의 종류는 초기에는 한가지 색을 주고 차츰 다른 색을 추가해 주며 너무 묽어 흘러내리지 않도록 농도를 되게 한다. 붓 대신 스펀지나 나뭇가지, 솔 등으로 물감채색을 경험하게 하며 붓은 6호~12호 이상의 굵고 붓털이 둥근 것을 준다. 물감으로 그림을 그릴때는 팔과 손의 근육 운동에 의한 흔적을 즐기는 시기이므로 이젤이나 벽면 등에 큰 종이를 붙여 놓고 붓을 사용하여 여러 방향으로 길게, 짧게 칠해 보는 경험을 할 수 있게 한다.

전도식기의 유아에게 교사는 유아가 자신의 생각과 느낌을 그려가며 즐거움과 자신감이 지속될 수 있도록 도와주는 것이 중요하다.

크레용은 둥근 것 보다 각이진 것을 선택하며 다양한 재질의 종이, 크기와 모양이 다른 종이들을 제공한다.

물감 사용이 익숙해지면 10가지 내외의 색을 줄 수 있으며 활동 내용에 따라 물감의 농도가 다를 수 있지만 대체로 너무 묽어 흘러내리지 않도록 되게 해준다. 투명 수채화 물감, 불투명 수채화 물감이 주로 사용되며 아크릴 물감, 마아블링 물감 등은 적합한 활동에 사용하여 다양한 물감활동을 제공해 줄 수 있다. 집단용 물감용기는 쉽게 넘어지지 않도록 무게가 있는 투명한 용기로 준비하며 활동 내용에 따라 넓은 접시 또는 깊이가 있는 통 등 적합한 용기를 선택한다. 물감 짜는 칸과 물감을 섞어 쓰는 칸이 있는 팔레트와 붓에 묻은 물감을 닦아내는 용도와 물감튜브의 입구를 닦아낼 천을 준비한다. 물감의 특성에 따라 흘리기, 흡수, 번짐, 혼합 과정 등을 탐색할 수 있는 다양한 활동들을 경험하도록 한다. 또한 붓으로 물감 칠을 해 보거나 크레파스 그림 위에 덧칠하는 채색활동도 경험하며 스스로 물감의 색을 만들고 그림을 그려본다(유혜숙,2004).

영아의 미술활동에 많이 사용되는 가위 사용 방법은 가위 사용 전에 여러 재질의 종이를 찢어보는 경험이 중요하다. 찢기를 하면서 종이의 특성을 탐색하며 소근육을 조절해 보는 기회를 가지게 한다.

가위 사용의 초기에는 밀가루 반죽과 같은 부드러운 재질의 자료를 사용하고 쉽게 잘라낼 수 있는 빨대와 같은 자료를 활용한다. 한번에 잘라낼 수 있는 폭이 좁고

긴 종이를 활용하여 자유롭게 잘라보게 하며, 색종이를 자유롭게, 직선, 곡선, 달팽이 모양 선의 순서로 잘라보게 한다. 가위질이 익숙해지면 잡지 등을 활용하여 그림들을 오려내고 오려낸 그림은 도화지에 붙여보는 활동으로 연결한다. 가위는 손의 근육을 조절하며 오려내는 활동이므로 발달 수준에 적합한 것을 준비한다. 가위의 손잡이 부분은 엄지손가락과 다른 손가락이 들어갈 수 있어야 하고 가위 끝 부분이 뾰족하지 않고 날카롭지 않아야 한다.

### ● 12개월~15개월

영아들은 행동하기 전에 물체를 만져보거나 돌려보는 등 손가락을 대보고 누르고 탐색한다. 숟가락 등을 입에 넣어보거나 컵에 넣고 컵을 접시 위에 놓는 등과 같은 활동적 도식을 사용할 수 있으므로 밀거나, 끌거나, 구기거나, 당기거나, 찢는 등과 같은 신체를 사용할 수 있는 재료들을 제공해 주는 것이 필요하다. 15개월 이후가 되면 점점 더 물체를 기능과 용도에 맞게 사용할 수 있게 된다.

### ● 15개월~18개월

이 시기의 영아들에게는 기능적으로 함께 할 수 있는 재료들이 제공되어지는 것이 좋다. 같은 모양, 같은 색, 같은 크기, 같은 질감 등의 분류가 감각 운동적으로 뿐만 아니라 시 · 지각적으로 가능하다. 12개월 이후부터 다양한 조형활동이 가능하다는 것은 이 시기의 영아들의 사회 신체 인지발달의 특징이 사건의 원인과 결과에 대한 흥미가 원인에 있다는 것을 이해할 수 있기 때문이다. 쉽게 구겨지는 얇은 종이의 입체모양과 평면의 차이(소리 크기 모양), 긁적거리기를 통한 수직선 · 수평선은 조형의 요소인 선의 탐색과 그리기 등을 가능하게 한다. 또한 물놀이, 모래놀이, 행동 모방놀이를 할 수 있음에 따라 재미있는 질감을 경험하는 입체 미술활동을 가능하게 한다.

## ● 18개월~24개월

이 시기의 영아들은 행동을 계열화하며 보다 크고 결속된 전체를 형성하여 행동 패턴을 자신이나 다른 사람 심지어 인형에게까지 적용한다. 그러므로 재료의 질감과 무게 등을 고려하여 구성할 수 있는 조형활동 등이 가능하게 된다.


## ● 24개월~30개월

소근육이 보다 더 분화되고 손의 힘이 생기면서 시각적 · 지각적 조절과 통제가 가능하여 여러 종류의 조형활동이 가능하게 된다. 그러므로 이 시기는 물체에 대한 흥미를 지속시키고 활동에 좀더 오래 집중하며 즐거운 놀이로 접근 할 수 있는 활동을 제공해 주는 부모와 교사의 역할이 중요하다. 25개월 이후의 영아들은 호기심과 탐색의 욕구, 질문 등이 많아지고 사물의 기본도형의 그리기가 익숙해지며 상상력이 풍부하고 타인의 정서를 인식하여 공감할 수 있게 됨에 따라 평면 활동에서 꼴라쥬나 여러 입체활동까지 가능하게 된다.

chapter_03

1. 영아의 그리기 · 만들기 영역

　　1) 그리기 · 만들기 영역
　　2) 그리기 · 만들기 영역의 자료

# 1. 영아의 그리기·만들기 영역

## 1) 그리기·만들기 영역

영아들은 발달적인 개인차가 크기 때문에 점차 성장함에 따라 발달적 특성에 의하여 영역구성이 달라지게 된다. 그리기·만들기 영역 또한 마찬가지로 12개월 이하에서는 따로 구성되지 못하며, 13~24개월 시기에는 대부분 창의영역으로 분리하는데 이 영역 안에 상상놀이와 미술영역이 함께 이루어지고 있다. 25개월이 지나면서 독립적인 그리기·만들기 영역을 구성할 수 있다.

〈그리기·만들기 영역〉

그리기·만들기 영역의 위치는 물이 가까이 있고 밝은 곳에 위치하는 곳이 좋다. 다양한 활동을 할 수 있도록 다양한 미술재료와 만들기 재료, 낮은 책상과 작품 보관 및 전시할 수 있는 공간을 갖추어야 한다. 물을 많이 사용하므로 책상과 바닥은 물을 쉽게 닦을 수 있는 재질이 좋다.

그리기·만들기 영역은 영유아

가 볼 수 있는 곳에 크고 선명하며 밝은 색깔의 친숙한 사람이나 사물의 그림을 붙여주어 미술영역의 분위기가 나도록 꾸민다.

## 2) 그리기·만들기 영역의 자료

〈그리기·만들기 영역〉

영아를 위한 미술 자료는 사전에 반드시 유독성 여부를 확인한 후에 제시하여야 한다. 발달 특성상 사용 가능한 미술 도구가 한정되어 있으므로 발달에 적합한 재료를 내주어 흥미있게 미술활동에 참여할 수 있도록 배려해야 한다. 영아들은 소근육 발달 및 손과 눈의 협응이 미숙한 시기이므로 굵은 크레용이나 붓 등을 주어야 하며, 한 두 가지 색깔로 사용하는 것이 익숙해지면 여러 가지 색깔의 크레파스나 물감 등을 주어 자유롭게 사용할 수 있도록 한다.

---

**| 자 료 |**

낮은 책상, 장판 샘플을 활용한 개인용 비닐 장판 , 작업 앞치마, 화판, 넓은 쟁반, 무독성의 굵은 크레파스, 템페라 물감(무독성), 밀가루 점토, 굵은 붓, 다양한 질감과 모양과 크기가 다른 종이(신문지, 달력, 소포지, 포장지, 벽지, 광고용 종이) 물풀, 안전가위, 스티커, 투명테이프, 잡지책, 색종이, 모양 도장, 찰흙도구, 각종 폐품, 물수건이나 물 티슈, 젖은 화장지가 담긴 그릇, 수건 등

---

〈그리기 · 만들기를 위한
폐품활용 자료실 1〉

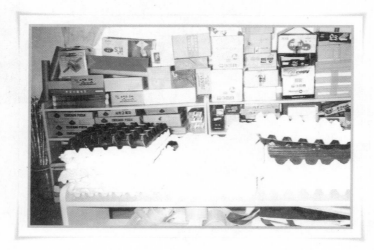

〈그리기 · 만들기를 위한
폐품활용 자료실 2〉

〈그리기 · 만들기를 위한
폐품활용 자료실 3〉

〈그리기 · 만들기 영역 내의 폐품 모음장〉

chapter_04

1. 교사의 역할

참고문헌

# 1. 교사의 역할

영아 교사는 첫째, 발달적 차이가 큰 영아 한 명 한 명의 독특한 개성과 욕구를 알고 이를 존중해 주며 개별적인 관심을 가져야 할 뿐 아니라 영아의 발달적 특성을 이해하여야 한다. 둘째, 교사와 신뢰로운 관계를 유지할 수 있도록 영아의 애정적 욕구를 충족시켜 줄 수 있어야 한다. 셋째, 영아는 처해진 환경에 각기 다르게 반응하는 기질적 특성을 갖고 있으므로 영아의 기질적 특성을 존중해 주어야 한다. 넷째, 영아가 자신의 감정을 상황에 맞도록 자연스럽게 표현하도록 중재해 주어 문제를 해결하고 성숙해질 수 있도록 지도하여 영아가 또래에 관심을 가지고 상호작용하는 능력을 기르도록 도와주어야 한다. 다섯째, 교사는 영아를 위한 놀이환경을 제공해 주는 준비자의 역할과 관찰을 통해 놀이를 발전시키고 확장시키는 관찰자의 역할, 영아의 놀이에 참여하여 놀이가 교육적이고 가치있는 활동이 되도록 돕는 참여자의 역할을 해야 한다. 여섯째, 영아가 어릴 때부터 건강한 몸으로 성장하고 정서적 심리적인 안정을 갖게 하기 위해서 교사는 지속적으로 일상생활 지도내용을 계획하고 올바른 생활습관을 몸에 익히도록 반복적으로 지도해야 한다.

영아가 그림을 그리는 것은 표현이 미숙하여 언어로 표현하지 못한 영아의 정신세계를 표상해 주는 행동이라고 할 수 있다. 2세 때에는 이러한 표상이 막 시작되는 시기로, 긁적거리기부터 시작해서 구체적인 모양이나 형태 등을 그리기 시작하는 것은 3세 이후가 되어야 가능하다. 즉 초기에는 친숙한 물체를 그리기보다는 긁적거리고 나서 우연히 나타나는 개, 고양이, 사람 등을 그렸다고 생각한다. 영아가 무엇을 그렸다고 생각하는 것은 보이는 것을 그대로 그린 것이 아니라 본 것에 대한 머리 속의 심상을 그렸다고 보기 때문이다. 따라서 2세 경에는 크레파스와 같은 간단한 미술재료에 대한 관심이 커지면서 미술자료들을 영아들 나름대로의 방식으로 사용하고 생각을 표현하는 시기이므로, 영아가 다양한 미술재료를 경험하면서 자료를 충분히 탐색해 보고 연습해 볼 수 있도록 기회를 주는 것이 중요하다.

영아의 미술활동에 필요한 활동자료는 활동 시작 전에 자료에 대한 탐색 행동이 먼저 이루어 져야 한다. 충분한 탐색을 통하여 익숙하게 된 후에 활동을 하게 되므로 교사는 영아에게 새로운 사물이나 환경을 제시한 후 충분히 탐색할 시간을 제공하고 영아가 주도적이고 독립적으로 미술활동을 할 수 있도록 배려해야 한다.

1세 영아의 미술활동에 있어서 교사는 영아들이 만지고 경험하는 물건들의 모양, 색, 감촉 등에 대해 이야기해주고 영아가 미술 자료를 사용할 때 무엇을 하고 있는지 자연스럽게 이야기 해준다. 다양한 재질의 종이나 그리기 자료를 주어 영아들에게 긁적거릴 수 있는 기회를 많이 주고, 교사가 그리는 모습의 모델링을 보여준다. 물감, 손가락 풀 그림, 밀가루 반죽, 스티커 붙이기, 찍기 등 다양한 자료를 이용해 표현해 볼 수 있도록 한다. 물감 활동은 한 가지 색을 사용하는 것에 익숙해지면 점차 여러 색의 물감과 붓을 제공하여 다양한 색의 사용을 격려한다.

2세 영아의 미술활동에 있어서 교사는 다양한 미술자료와 활동을 경험할 수 있도록 제공한다. 영아가 만지고 경험한 물건의 모양, 색, 감촉 등에 대해서 이야기 나누고, 영아가 미술자료를 사용할 때 무엇을 하고 있는지 영아의 행동과 영아가 표현한 작품에 대해서 자연스럽게 상호작용 해 준다. 미술활동 시간에는 낮고 단단한 탁자나 이젤을 사용하고, 활동이 끝난 뒤에는 영아에게 간단한 정리정돈을 돕게 한다. 영아가 작품을 완성하고 난 후에는 작품에 얼굴사진을 붙혀주거나 이름을 써 주고 영아의 눈 높이에 전시해 주어 영아가 성취감을 느낄 수 있도록 해 준다(삼성복지재단, 2003).

## 참고문헌

김내선(1993). 유아미술교육 재료의 사용실태와 그 개선방안 연구. 조선대학교 대학원 석사학위논문.

김혜경 외(2002). 효과적인 영아보육을 위한 지침서. 다음세대.

박은덕(2003). 아동미술의 이해. 순천제일대학 EDL센터 특별초청강연 2003-1

삼성복지재단(2003). 삼성어린이집 영아프로그램, 다음세대.

신정숙(1989). 교사의 관찰형 질문이 유아의 그리기 표현에 미치는 영향. 중앙대학교 교육대학원
　　　석사학위논문

오정현(1987). 유아창작공예. 형설출판사.

유혜숙(2004). 영유아를 위한 미술교육. 서울특별시 보육정보센터 사이버 강의 16.

이민경(1997). 유아의 미술 특성. 전라북도 교육연구원

이영자(1998). 유아교육과정 운영과 미술교육. 한국유아교육학회 광주·전남 지회 워크샵

이영자, 이기숙(1986). 유아를 위한 교수·학습 방법. 창지사.

이인실(2004), 영아를 위한 조형활동. 서울특별시 보육정보센터 사이버 강의 38.

장영희(2001). 영아교육과정, 양서원

장현오(1997). 미술교육에 있어 미적 교육에 관한 연구. 미술교육논총. 한국미술교육학회 6.

정남숙(2000). 미술의 기본요소에 기초한 표현활동이 유아의 창의성에 미치는 영향. 전북대학교
　　　대학원 석사학위논문.

정문자, 지혜연, 이숙영(1984) 창작공예의 이론과 실제. 신광출판사.

조봉매(1999). 유아교육 기관에서의 찰흙활동의 실태 및 교사의 인식연구. 숙명여자대학교 대학원
　　　석사학위논문.

한기정(1997). 아동미술과 특수아동미술. 교육과학사.


Kellogg, R.(1969). Analyzing children's art. Palo Alto. CA : Mayfield publcshing.

Lowenfeld, V. & Brittain, W.S.(1975). Creative and Mental Growth. Macmillan Publishing
　　　Co.Inc., N.Y.

Harris, D. B( 1963). Children's Drawing as Measures of Intellectual Maturity. Harcourt, Brace and
　　　Jovanovich, Inc., N. Y.

Schirrmacher, R.(1998). Art and Creative Development for Young Children. Albany, N.Y. :
　　　Delmar.

Infant & Toddler
# Art
Education

제2부

# 실제편

chapter_05

## 1. 미술활동의 실제

1. 실그림 그리기  2. 칫솔로 문질러 보기  3. 비밀그림 그리기  4. 공 굴려 그림 그리기

5. 코스모스 꾸며보기  6. 달걀판 색칠하기  7. 옷에 무늬 만들어보기  8. 상자에 물감 떨어뜨려 흘려보기

9. 물감 짜서 눌러보기  10. 물감 불기  11. 종이 접어 물감 문지르기  12. 손바닥 찍기  13. 물감 흘리기

14. 끈그림  15. 분무기 뿌리기  16. 구슬 굴리기  17. 눈이 와요  18. 손·발바닥 찍기  19. 번지는 그림 그리기

20. 풀 그림 그려보기  21. 물 풀 그림  22. 풀 장갑 인형 만들어 보기  23. 색풀로 그림 그리기

24. 과일 씨 그리기  25. 모양 도장 찍기  26. 모양 스폰지 찍어보기  27. 자동차 바퀴 찍기

28. 스템프 도장 찍어보기  29. 야채 찍기  30. 마음대로 긁적거리기  31. 장난감 모양 찍어보기

32. 골판지 위에서 그림 그리기  33. 색칠하기  34. 요술 크레파스  35. 비가 내려요  36. 빗 꾸며보기

37. 입술 모양 찍어보기  38. 커다란 상자 꾸미기  39. 큰 돌멩이에 색칠하기  40. 밤하늘 꾸미기

41. 칫솔 그려보기  42. 신문지 옷 꾸미기  43. 색종이 찢어 붙이기  44. 다양한 종류의 종이 찢어보기

45. 화장지 붙여보기  46. 펀치로 색종이 구멍내어 붙여보기  47. 도너츠 꾸며보기  48. 종이 찢어 붙이기

49. 그림 스티커 붙이기  50. 스티커로 모양 꾸미기  51. 상자 꾸미기  52. 모양나라 만들기

53. 포도송이 붙이기  54. 얼굴 꾸미기  55. 가족사진 꾸미기  56. 뿅뿅이로 모양 만들기

57. 휴지 위에 점찍기  58. 거품 핑거페인팅  59. 셀로판테이프 붙여보기  60. 이쑤시개 꽃아보기

61. 같은 색깔이 어디에 있을까요?  62. 내 얼굴이 있는 꽃  63. 솜사탕  64. 무슨 색으로 보일까?

65. 실을 따라가요  66. 장난감 옷 입히기  67. 자연물로 모양 만들기  68. 생크림 그림  69. 나비야 날아라

70. 밀가루 반죽 목걸이  71. 밀가루 반죽에 꽃아보기  72. 밀가루 반죽 자르고 뭉치기

73. 밀가루 반죽에 손·발 찍기  74. 밀가루 반죽 주무르기  75. 꽃잎과 나뭇잎이 밀가루 반죽을 만났을 때

76. 밀가루 점토 목걸이 만들기  77. 밀가루 반죽 속 보물찾기  78. 밀가루 반죽 채우기

# ···01 실그림 그리기

| | |
|---|---|
| **주요경험** | • 다양한 실을 만져본다.<br>• 실의 움직임에 따라 나타나는 다양한 모양을 관찰한다. |
| **준비물** | • 나무젓가락, 도화지, 두께가 다른 다양한 실, 템페라 물감, 붓, 접시 |
| **활동방법** | **1. 실을 탐색한다.**<br>　　– 여기 흰색 실이 있네.<br>　　– 실을 한번 길게 늘어뜨려 보자. 동그랗게 모양을 만들어 볼까<br>**2. 나무젓가락에 실을 묶은 후 실에 물감을 묻힌다.**<br>　　– (접시에 노란색 물감을 푼 후) 실을 노란색 물감에 넣어보자. 실이 노랗게 변<br>　　　하였구나.<br>　　– 여기 빨간색, 파란색 물감도 있네. 빨간색과 파란색에도 넣어보자<br>**3. 도화지를 반으로 접어 사이에 물감 묻힌 실을 넣어본다.**<br>　　– 노란색, 빨간색, 파란색 실을 선생님과 함께 반으로 접어진 도화지 속에 놓<br>　　　아보자<br>　　– 도화지를 덮고 ○○가 손바닥으로 눌러 주겠니?<br>　　– ○○가 젓가락을 잡고 실을 잡아 당겨 보겠니?<br>**4. 그림을 살펴본다.**<br>　　– 도화지를 펼쳐 보자.<br>　　– 실이 그림을 그렸구나<br>　　– 두꺼운 실이 그린 그림은 어디에 있을까 찾아볼까? |
| **참고사항** | • 처음엔 한 가지 종류의 실을 넣은 후 잡아 당겨 보고 점점 실의 종류를 늘려 잡<br>　아 당겨 본다 |

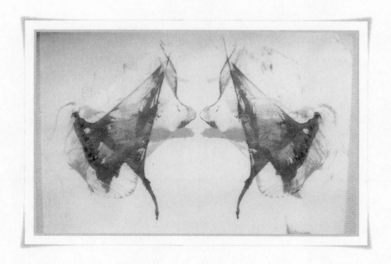

## ···02 칫솔로 문질러 보기

| | |
|---|---|
| **주요경험** | • 다양한 질감의 종이를 만져본다.<br>• 칫솔로 그림을 그려본다. |
| **준비물** | • 다양한 질감의 종이(켄트지, 신문지, 골판지등), 망가진 칫솔, 템페라 물감, 접시 |
| **활동방법** | **1. 종이의 재질을 탐색한다.**<br>   – 여기 여러가지 종이가 있네.<br>   – (골판지를 만지며) 이 종이는 울퉁불퉁하구나, (켄트지를 만지며) 이 종이는 부드럽고 매끈하구나. (신문지를 만지며) 이 종이는 켄트지보다 얇구나.<br>**2. 칫솔을 제시하며 탐색한다.**<br>   – 이것은 무엇일까? 치카치카 양치질하는 칫솔이네. 친구들이 오래 닦아서 못 쓰는 치솔이야<br>   – 이것으로 그림을 그릴수 있을까?<br>   – 여기(칫솔모)에 물감을 묻히면 그림을 그릴 수 있겠다.<br>**3. 영아가 원하는 물감을 골라 물과 섞은 후 여러 가지 종이에 그려본다.**<br>   – 여기 노란색 물감을 칫솔에 묻혀 켄트지에 그려보자.<br>   – 울퉁불퉁한 골판지에 그림을 그려보자.<br>   – 어! 골판지 위에서는 칫솔이 탁탁탁 소리를 내면서 그림이 그려지네<br>   – 물감이 묻지 않는 곳도 있구나<br>   – 신문지에는 두꺼운 그림이 그려졌네<br>   – 선생님처럼 위에서 아래로 그려보자<br>   – 이번에는 옆으로 쭈욱 그려보자<br>   – 이번에는 종이에 톡톡 두드려 볼까<br>**4. 칫솔을 헹구어 본다.**<br>   – 수돗가에 가서 칫솔에 묻은 물감을 씻어보자<br>   – 물에 씻으니 물감이 모두 없어졌구나<br>   – 누구 칫솔이 가장 깨끗한지 볼까? |

# ···03 비밀그림 그리기

| | |
|---|---|
| **주요경험** | • 물감을 칠하면서 나타나는 또 다른 그림을 찾아본다. |
| **준비물** | • 하얀색 크레파스, 하얀종이, 템페라 물감, 접시 |
| **활동방법** | 1. 준비물을 탐색한다.<br> – 여기에 종이와 크레파스가 있는데 모두 무슨 색이니?<br> – 그래, 모두 하얀 색이구나.<br>2. 종이에 그림을 그린다.<br> – 하얀 크레파스로 하얀 종이에 그림을 그리면 어떻게 될까?<br> – 종이에 그림이 어떻게 그려지는지 그림을 그려볼까?<br> – 어, 친구가 그림을 그렸는데도 그림이 잘 보이지 않네.<br> – 어떻게 하면 이 그림을 잘 보이게 할 수 있을까?<br>3. 그림에 물감을 색칠한다.<br> – 어머. 그림이 어떻게 되었니?<br> – 보이지 않는 그림이 물감을 칠하니까 나타났어. 정말 신기하구나.<br> – 여기에 물감을 칠하면 어떻게 될까?<br> – ○○는 무슨색 물감을 칠하고 싶니? |

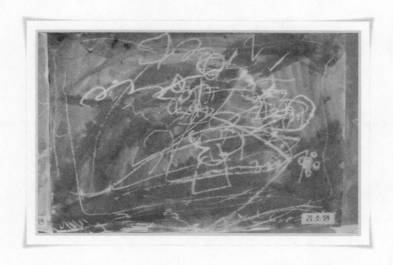

# 04 공 굴려 그림 그리기

| 주요경험 | • 공의 움직임을 물감으로 표현해 본다. |
|---|---|
| 준비물 | • 템페라 물감, 전지, 여러 종류의 공(탱탱볼, 볼풀공, 탁구공 등), 헌 장판이나 비닐 |
| 활동방법 | 1. 바닥에 헌 장판이나 비닐을 넓게 펼친 후 전지를 깔고 여러 가지 공을 놓아두고 이야기한다. <br>     – 여기 동글 동글 굴러가는 공이 있구나. <br>     – 크기도 다르네, 커다란 탱탱볼, 작은 볼풀공, 더 작은 탁구공 <br>     – 종이 위로 공을 한번 굴려볼까? 여러 개의 공을 굴려보자. <br>     – 어느 공이 빨리 굴러가니? <br> 2. 커다란 접시에 물감을 풀어 놓고 공에 물감을 묻혀 전지 위에 굴려본다. <br>     – 선생님이 공에 물감을 묻혀 종이 위에 굴려볼게. <br>     – 공이 지나면서 종이가 어떻게 되었니? <br>     – ○○는 어떤색 물감을 묻혀 볼까? <br>     – 공이 지나가면서 파란색 길다란 길이 생겼네. 작은 탁구공에 빨간색 물감을 묻혔구나. 빨간색 길이 생겼네. <br>     – 큰 공은 큰 길이 생기고, 작은 공은 작은 길이 생기는구나. |

# ···05 코스모스 꾸며보기

| | |
|---|---|
| **주요경험** | • 큰 붓으로 그림을 그려본다. |
| **준비물** | • 색종이, 큰 붓, 템페라 물감, 도화지, 크레파스, 접시, 코스모스 꽃이나 사진 |
| **활동방법** | 1. 재료를 탐색한다.<br>   – 여기에 물감과 큰 붓이 있고 코스모스 꽃도 있네.<br>   – 이것으로 무엇을 해볼까?<br> 2. 색종이 위에 붓을 이용하여 꽃잎을 꾸며본다.<br>   – 이 그림은 코스모스라고 해. 선생님과 함께 물감으로 꽃잎을 꾸며볼까?<br>   – 코스모스를 무슨 색으로 꾸며볼까?<br>   – ○○가 분홍색 물감으로 코스모스를 꾸미고 있구나.<br>   – 붓이 커서 한번에 꽃잎을 그릴 수 있네.<br>   – ○○는 가운데에 주황색 크레파스로 점을 찍으니까 코스모스씨가 되었네.<br> 3. 완성된 코스모스를 오린 후 전지에 줄기를 만들어 꽃밭을 만든다. |

# $\cdots$ 06 달걀판 색칠하기

| | |
|---|---|
| **주요경험** | • 달걀판에 물감을 칠해본다.<br>• 물건의 다른 용도를 경험한다. |
| **준비물** | • 종이로 된 달걀판, 템페라 물감, 큰 붓, 리본 끈, 가족 사진 |
| **활동방법** | 1. 준비물을 살펴본다.<br>    – 이것은 무엇일까?<br>    – 어디에서 보았니? 여기에 무엇이 있었을까?<br>    – 달걀이 깨지지않게 놓아두는 달걀판이야<br>    – 그런데 달걀판은 색깔이 한가지 색 밖에 없구나,<br>      우리가 여러 가지 색으로 만들어주자<br>2. 달걀판을 물감으로 색칠한다.<br>    – 선생님처럼 붓에 물감을 묻혀서 달걀판 위를 색칠하자<br>    – 달걀판이 울퉁불퉁 산처럼 생겨서 천천히 물감을 칠해야 겠구나<br>    – 선생님은 초록색을 칠하고 있고 OO는 분홍색을 칠하고 있네<br>    – OO친구는 산 위에만 칠했구나, 선생님처럼 산 위에도 산 아래도….<br>      모두 칠해주자<br>    – OO는 산 위는 빨간색으로 산 아래는 분홍색으로 칠했구나<br>    – 달걀판이 여러 가지 색으로 변했네<br>3. 물감이 마르면 영아의 사진이나 영아 가족 사진을 달걀판 위에 붙인 후<br>  끈을 달아 벽에 게시한다. |

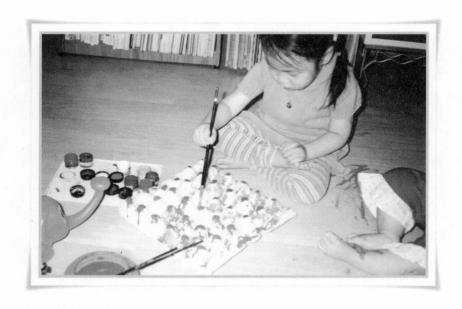

# ···07 옷에 무늬 만들어보기

| | |
|---|---|
| **주요경험** | • 옷에 무늬를 그려본다. |
| **준비물** | • 템페라 물감, 전지, 붓, 1회용 옷걸이 |
| **활동방법** | **1. 전지를 영아의 웃옷 크기로 오린 후 이야기한다.**<br>– 여기 ○○의 옷과 같은 하얀색의 종이 옷이 있네.<br>– ○○친구에게 입혀줘 볼까?<br>– 친구가 정말 옷을 입었네.<br>– 종이 옷에 물감을 묻혀 예쁜 옷으로 꾸며보자.<br>**2. 종이 옷에 여러 가지 모양을 꾸며본다.**<br>– 붓에 물감을 묻혀서 그려보자. ○○는 초록색으로 하고싶니?<br>– ○○는 빨간색 물감으로 동글동글 동그라미 모양을 그리고 있구나.<br>– 동글 동글 동그라~미. 동글동글 동그라~미.<br>– 동그라미가 많으니까 동그라미 옷이 되었네.<br>– ○○는 길쭉한 줄무늬를 그리고 있구나.<br>– 길쭉한 줄무늬 옷이 되었네.<br>– 이제 입어볼까? 정말 멋진 옷이 되었어.<br>**3. 완성된 옷을 1회용 옷걸이에 걸어서 전시한다.** |

# 08 상자에 물감 떨어뜨려 흘려보기

| | |
|---|---|
| **주요경험** | • 물감을 떨어뜨려 물방울을 만들어본다.<br>• 물방울을 움직여본다. |
| **준비물** | • 와이셔츠 상자(비슷한 크기의 상자), 큰 붓 3개, 템페라 물감, 플라스틱 컵3개 |
| **활동방법** | 1. 물이 들어있는 컵에 물감을 섞어본다.<br>   – 여기에 무엇이 있니?<br>   – 컵에 물이 들어있구나<br>   – 여기에 물감을 넣어보자, 무슨 색 물감을 넣어볼까?<br>   – 물에 노란색 물감을 넣은 다음 붓으로 저어볼까?<br>   – 물이 쥬스처럼 되었네<br>   – 다른 컵의 물에 파란색 물감을 넣어볼까? 물감이 잘 풀어지도록 새로운 붓<br>     으로 동그라미를 그리면서 천천히 저어보자<br>2. 상자 안쪽에 물감을 떨어뜨려 흘려본다.<br>   – 상자에 물감을 떨어뜨려 보자, 빨간색 물감을 붓으로 똑 똑 떨어뜨려보고<br>   – 파란색 물감도 똑똑 떨어뜨려 보자<br>   – 동글동글 파란색 물방울이 생겼네, 노란색 물방울은 동그란 구슬처럼 생겼네<br>   – 선생님이 물방울들을 움직여 볼께<br>   – 상자 양쪽을 잡은 다음 올리고, 내리고, 올리고 내리고,<br>   – 물방울은 없어지고 길이 생겼네<br>   – ○○도 선생님처럼 상자를 움직여 볼까?<br>3. 말린 뒤 벽에 전시한다. |

# ···09 물감 짜서 눌러보기

| | |
|---|---|
| **주요경험** | • 물감을 짜보고 눌러보는 활동을 통해 변화되는 그림을 발견한다. |
| **준비물** | • 템페라 물감, 도화지 |
| **활동방법** | 1. 도화지와 물감을 보여준다.<br>2. 도화지를 반으로 접어 보게 한 후 펼친 종이 위에 물감을 짜본다.<br> – 선생님처럼 종이를 반으로 접고 가운데 부분을 꼭꼭 눌러줘야 해. 선이 생기<br>도록.<br> – 종이를 다시 펼치고 물감을 골라보자. ○○는 바다처럼 시원한 파란색을 골<br>랐구나. 선생님은 초록색을 골랐어.<br> – 종이에 파란색 물감을 꾸욱 눌러보자. 와 파란색 물감이 나오는구나.<br>선생님은 초록색 물감을 파란색 위에 짜볼게. ○○는 연두색을 짰네.<br>3. 물감을 짠 후에 접힌 선을 따라 다시 종이를 반으로 접고, 손으로 문질러 보게<br>한 후 펼친다.<br> – 이번에는 종이를 반으로 다시 접고 손으로 문질러 보자. 어떤 그림이 나올<br>까?<br> – 수리수리 마수리 예쁘고 멋진 그림 나와라 뚝딱. 쟈! 펼쳐보자.<br> – 와! ○○는 나비 모양이 되었네. |

# ··· **10** 물감 불기

| | |
|---|---|
| **주요경험** | • 물감을 떨어뜨리고 불어본다.<br>• 입김에 의해 물감의 변화는 모습을 관찰한다. |
| **준비물** | • 템페라 물감, 긴 빨대, 전지, 붓 |
| **활동방법** | **1. 접시에 물감을 담아 저어본다.**<br>   – 접시에 물감을 넣고 물도 넣은 다음 붓으로 저어 보자<br>   – ○○는 무슨 색 물감을 저어 보고 싶니?<br>   – 동그라미를 그리면서 저어 볼까?<br>**2. 전지에 물감을 떨어뜨린다.**<br>   – 붓에 물감을 묻혀서 큰 종이 위에 떨어뜨려 보자<br>   – 붓은 같은 색 물감에만 넣어 주세요<br>   – 다른 색의 물감도 떨어 뜨려보자<br>   – 정말 많은 물방울이 생겼네<br>**3. 빨대로 물감을 불어 본다.**<br>   – 빨대를 입에 물고 손바닥에 불어볼까?<br>   – 손바닥에 어떤 느낌이 드니?<br>   – 간질간질 손바닥이 간지럽구나<br>   – 이번에는 빨대를 입에 물고 물감을 불어보자<br>   – ○○가 불은 물감은 모양이 퍼졌네<br>   – 물감이 변하지 않는 친구는 세게 한 번 불어 볼까?<br>   – 이번에는 늑대가 아기 돼지 삼형제집을 불어서 날려 버린 것처럼 세게 불어<br>     보자<br>   – ○○가 불은 물감은 꽃 모양이 되었고, ○○가 불은 물감은 올챙이 모양이<br>     되었네. 모두 다른 모양이 되었네<br>**4. 물감이 마른 후 벽면에 게시한다.** |
| **참고사항** | • 물감 불기를 할 때 입으로 활동을 진행할 수도 있지만 영아의 경우 입으로 불었<br>을 때 점점 입을 물감 가까이 가져가 입에 닿을 수 있으므로 되도록 큰 빨대를<br>사용하는 것이 좋다. |

# …**11** 종이 접어 물감 문지르기

| | |
|---|---|
| **주요경험** | • 물감을 짜 보는 경험을 한다.<br>• 물감이 들어있는 종이를 문지르며 색다른 감촉을 느낀다.<br>• 같은 그림을 만들 수 있다. |
| **준비물** | • A4 복사용지와 같은 두께와 크기의 종이, 튜브통에 담긴 템페라 물감 3~4가지 |
| **활동방법** | 1. **종이를 반으로 접는다.**<br>　– 여기에 종이와 물감이 있구나<br>　– 종이를 선생님처럼 반으로 접어보자<br>　– 종이가 작아졌네, 다시 펼치면 큰 종이가 되네<br>2. **종이에 물감을 짠다.**<br>　– 종이 위에 선생님처럼 물감을 짜 볼까?<br>　– 물감을 두 손으로 꼭꼭 누르면, 노란색 물감이 나오네.<br>　– 또다른 색의 물감을 짜 볼까? 이번에는 무슨 색 물감을 짜보고 싶니?<br>3. **종이를 반으로 접어 손으로 문지른 후 펼친다.**<br>　– 종이를 접어서 꼭꼭 눌러보자<br>　– 이번에는 쓰윽쓰윽 밀어볼까?<br>　– 종이 안에 물감이 들어있으니까 종이가 더 부드럽네, 차가운 느낌도 드네<br>　– 종이 안에 있는 물감이 어떻게 될까?<br>　– 물감이 어떻게 되었는지 종이를 펴보자(종이를 천천히 펼치며 물감을 관찰한다.)<br>　– 정말 신기한 그림이 나왔네, 똑같은 그림이 두 개가 되었네 |

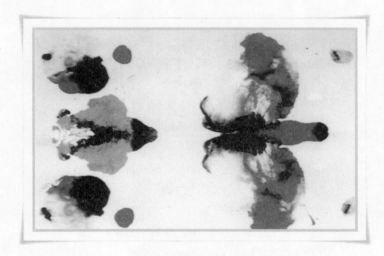

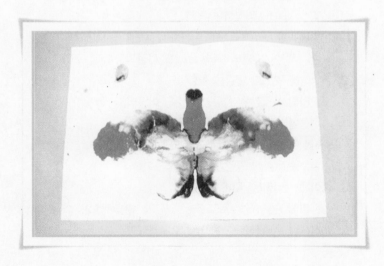

# 12 손바닥 찍기

| | |
|---|---|
| **주요경험** | • 물감이 칠해지는 붓의 느낌을 손바닥에서 느낄 수 있다.<br>• 손바닥을 찍어 나타나는 손의 모습을 관찰한다. |
| **준비물** | • 솜이나 화장지, 템페라 물감, 붓, 전지 |
| **활동방법** | 1. 손가락 노래를 부른다.<br> – 하나하고 하나 하면 무슨 소리 날까요?<br>　 짝짝 짝짝짝 짝짝짝짝 짝짝<br>　 (왼손가락 하나와 오른 손가락 하나를 맛 대고 친다)<br>　 둘하고 둘하면 무슨 소리 날까요?<br>　 짝짝 짝짝짝 짝짝짝짝 짝짝<br>　 (왼손가락 두개와 오른 손가락 두개를 맛 대고 친다)<br>　 셋하고 셋하면 무슨 소리 날까요?<br>　 짝짝 짝짝짝 짝짝짝짝 짝짝<br>　 (왼손가락 세개와 오른 손가락 세개를 맛 대고 친다)<br>　 넷하고 넷하면 무슨 소리 날까요?<br>　 짝짝 짝짝짝 짝짝짝짝 짝짝<br>　 (왼손가락 네개와 오른 손가락 네개를 맛 대고 친다)<br>　 다섯하고 다섯하면 무슨 소리 날까요?<br>　 짝짝 짝짝짝 짝짝짝짝 짝짝<br>　 (왼손가락 다섯개와 오른 손가락 다섯개를 맛 대고 친다)<br> – 손가락 수가 많아지니까 소리도 점점 더 커지는구나<br>2. 손바닥에 붓으로 물감을 칠한다.<br> – 손바닥에 물감을 칠하면 기분이 어떨까?<br> – 선생님이 초록색 물감을 칠해 볼게?<br> – 간질간질 간지러우면서도 시원한 느낌이네<br> – ○○는 무슨색 물감을 손에 칠하고 싶니?<br>3. 종이에 손바닥을 찍어 표현한다.<br> – 종이에 손을 꼭 누르고 조금 있다가 떼어내면(종이에 손바닥을 찍으면서)<br> – 선생님 손바닥 모습이 이렇게 나타났어? |

| 활동방법 | – (종이에 찍힌 손바닥을 가리키며) 여기에 있는 손가락도 하나, 둘, 셋, 넷, 다섯<br>　모두 다섯 개네.<br>　친구들도 선생님처럼 종이에 손바닥을 찍어 볼까?<br>– ○○의 손바닥이 선생님 손바닥보다 더 작네<br>– 선생님 손바닥이 ○○ 손바닥 보다 더 크네<br>– 이 손바닥은 누구의 것이니? |
| --- | --- |

# ···13 물감 흘리기

| | |
|---|---|
| **주요경험** | • 물감을 흐르게 할 수 있다.<br>• 물감이 흐르는 모습을 관찰할 수 있다. |
| **준비물** | • 색지, 템페라 물감, 굵은 붓, 플라스틱 접시 |
| **활동방법** | 1. 색지를 영아에게 나누어준다.<br>　– 여가가지 색깔의 종이가 있구나, 초록색 종이, 빨간색 종이<br>　– 어떤 색의 종이를 가지고 싶니?<br>　– ○○는 노란색의 종이를 골랐구나<br>2. 접시에 물감을 짜고 물을 타서 붓으로 젓는다.<br>　– 선생님이 노란색 물감을 접시에 짜 볼게<br>　– ○○는 무슨 물감을 골라보겠니?<br>　– ○○가 물감을 선생님처럼 짜 볼 수 있겠니?<br>　– 선생님이 물을 넣은 다음 이렇게 동그라미를 그리면서 저어 볼게<br>　– 정말 많은 초록색 물감이 되었구나<br>3. 물감을 종이 위에 떨어뜨린다.<br>　– 종이 위에 선생님처럼 물감을 떨어뜨려 보겠니?<br>　– 똑 똑 여러 개의 물감 방울이 생겼네<br>　– 다른 색의 물감도 떨어뜨려 볼까?<br>4. 종이위에 떨어진 물감 방울을 흘리게 한다.<br>　– 선생님처럼 종이를 이렇게(한쪽을 올렸다 내렸다 하면서) 해볼까?<br>　– 물감 방울이 흘러서 멋진 그림이 되었네<br>　– (종이의 다른 부분을 잡고) 이번에는 다른 쪽으로 종이를 움직여 보자 |
| **참고사항** | • 물감에 물을 섞을 때 물의 양이 너무 많으면 물감이 쉽게 흘러 바닥에 떨어지므로 물감과 물의 양을 적당한 비율로 섞어야 한다. |

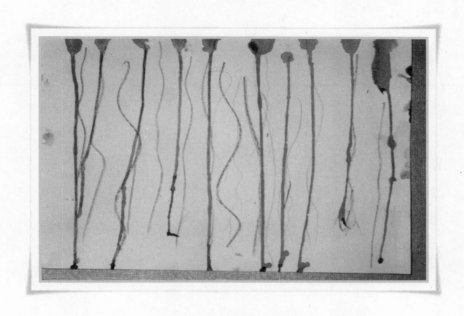

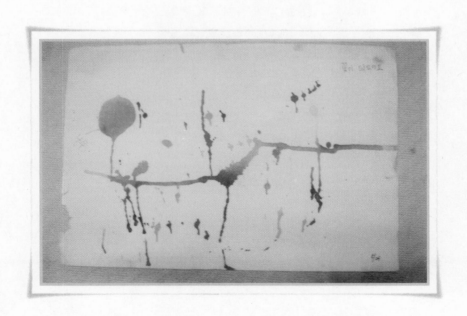

# ⋯ **14** 끈그림

| | |
|---|---|
| **주요경험** | • 물감 묻은 끈으로 표현되는 흔적에 관심을 갖는다.<br>• 다양하게 표현하는 즐거움을 느낀다. |
| **준비물** | • 도화지 2~3장, 다양한 종류의 끈(30㎝ 정도의 길이), 템페라 물감, 물감접시, 큰 붓 |
| **활동방법** | **1. 자료를 탐색한다.**<br>– 접시에 ○○ 친구의 옷에 들어있는(옷에 들어있는 빨간색을 가리키며) 빨간색이 있네, 그리고 바나나 색깔인 노란색도 있고, 시원한 파란색 물감도 있구나<br>– 여기에 여러 가지 긴 끈도 있어<br>– 좋아하는 색깔의 끈을 하나씩 잡아 볼까?<br>**2. 끈에 물감을 묻혀 본다.**<br>– 끈으로 그림을 그리려면 어떻게 해야 할까?<br>– 접시에 있는 물감에 끈을 넣고, 끈에 물감을 묻혀 보자<br>– 끈에 물감이 잘 묻게 하려면 붓으로 실을 눌러 주어야겠네<br>**3. 도화지에 끈으로 그림을 그린다.**<br>– 종이를 반으로 접어보자<br>– 자, 반으로 접혀진 종이 사이에 실을 놓아볼까?<br>– 선생님이 종이를 누르고 있으면 우리 친구가 끈을 잡아당겨 보세요.<br>– 이번에는 우리 친구가 종이를 눌러 주겠니?<br>– 와, 정말 신기한 그림이 나타났네<br>– 어떤 모양의 그림이 되었니?<br>– 무슨 모양을 닮았어?<br>**4. 다른 색의 물감과 다른 끈으로 활동을 한다.**<br>– 두꺼운 끈으로 하니까 그림도 아주 크게 그려졌네 |

# ···15 분무기 뿌리기

| | |
|---|---|
| **주요경험** | • 분무기를 이용하여 그림을 그려본다.<br>• 손가락으로 분무기를 움직여 뿌리기 활동을 한다. |
| **준비물** | • 전지, 신문지, 소형 투명분무기, 2~3종류의 템페라 물감(실외-벽, 화장실 거울) |
| **활동방법** | **1. 분무기를 보여주며 탐색한다.**<br>– 여기 분무기가 있네. 이것으로 무엇을 할까?<br>– 그래, 물을 뿌리는 거구나.<br>　화분이나 나무, 꽃에게 물을 줄 때 사용하는 분무기야.<br>– 다림질 할 때 옷에 물을 뿌리기도 해<br>– 물을 뿌릴 때 분무기를 어떻게 하지?<br>– 손가락에 힘을 주어 잡아당기면 되는구나.<br>**2. 분무기에 물감을 섞는다.**<br>– 분무기에 파란색 물감을 넣고 물을 부은 후 흔들어 볼까?<br>– 어머, 색이 어떻게 되었니? 파란색 물이 되었구나.<br>**3. 분무기를 이용하여 벽면에 붙힌 전지에 뿌려본다.**<br>– 분무기를 이용해 하얀 종이 위에 물감을 뿌려보자.<br>– 샥샥 물감 나오는 소리가 나네.<br>– ○○ 분무기에서는 삑삑 소리가 나네.<br>– 멀리서 뿌려볼까?<br>– 멀리서 뿌리면 그림이 조금 그려지고, 가까이에서 뿌리면 그림이 많이 그려지네.<br>**4. 화장실 거울, 실외 벽면에 뿌려본다.**<br>– 이번에는 거울에 뿌려볼까? (욕실 거울에 뿌려본다) 어떻게 될까?<br>– 비가 내리는 것 같아요.<br>　그래, 파란색을 뿌리니까 파랑비가 내리는 것 같고, 빨간색을 뿌리면 빨간비가 내리는 것 같겠구나. |

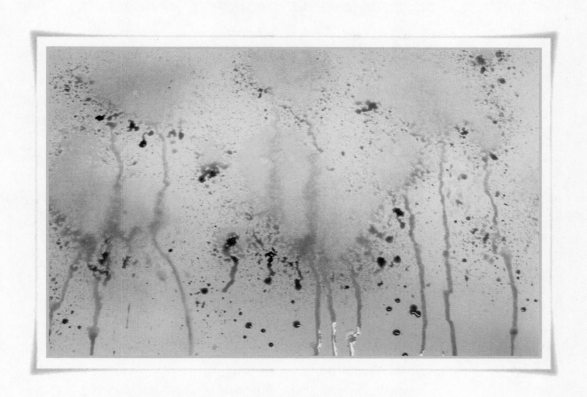

# 16 구슬 굴리기

| | |
|---|---|
| **주요경험** | • 구슬이 지나가는 흔적을 관찰할 수 있다.<br>• 구슬을 굴릴 수 있다. |
| **준비물** | • 여러 개의 구슬, 접시 3~4개, 템페라 물감, 상자, 종이(상자크기와 같은) |
| **활동방법** | **1. 재료들을 관찰한다.**<br>　– 여기에 무엇이 있니?<br>　– 구슬이 있구나, 동그란 구슬이 여러 개 있어<br>　– 선생님처럼 구슬을 바닥에 굴러볼까?<br>　– 누구 구슬이 가장 멀리 갔니?<br>　– 아빠 와이셔츠 담았던 상자가 여기에 있네, 그리고 엄마 화장품 담았던 상자<br>　　도 있네<br>**2. 상자 바닥에 종이를 놓는다,**<br>　– 상자 바닥에 풀을 칠해보자<br>　– 그 다음에 종이를 상자 바닥에 붙여 볼까?<br>　– 종이가 상자에서 안 떨어지고 잘 붙였는지 뒤집어 볼까?<br>**3. 구슬에 물감을 묻힌다.**<br>　– 접시에 물감을 짜서 물을 조금 넣고 붓으로 저어보자<br>　– ○○는 노란색 물감을 짰구나<br>　– 물감 속에 구슬을 놓아 볼까?, 그리고 붓으로 구슬을 이리 저리 굴러 보자<br>**4. 상자 에 구슬을 넣는다.**<br>　– 선생님이 상자 안에 구슬을 하나씩 넣어 줄 테니까 선생님처럼 구슬을 움직<br>　　여 보겠니?<br>　– 선생님이 상자를 어떻게 움직이는지 선생님 팔을 잘 봐<br>　– 선생님이랑 함께 해 볼까? 구슬이 움직이면서 모양이 나타났네<br>　– 구슬이 지나가는 길이 생겼어<br>　– 다른 색의 구슬도 넣어 볼까?<br>　– 이 번에는 혼자 할 수 있겠니? |

## **··· 17** 눈이 와요

| | |
|---|---|
| **주요경험** | • 눈 내리는 모습을 표현한다. |
| **준비물** | • 템페라 물감(흰색), 눈사람과 나무 등이 그려진 검은색 도화지, 신문지 |
| **활동방법** | **1. 눈사람이 그려진 검은색 도화지를 관찰한다.**<br>– 검은색 종이에 하얀 눈사람이 있네<br>– 눈사람 본 적 있니?<br>– 눈사람이 추운 가봐, 목도리도 하고 있고 장갑도 끼고 있어<br>**2. 신문지를 구겨본다**<br>– 하늘에서 눈이 계속 오면 또 다른 눈사람을 만 들 수 있을텐데<br>  눈이 없네, 눈 오는 모습을 표현하여 볼까?<br>– 여기에 흰색 물감이 있고, 신문지가 있어<br>– 신문지를 선생님처럼 구겨 보자<br>– 삭삭 신문지 구기는 소리가 여기저기서 들리니까 정말 크게 들리네<br>– 신문지가 점점 작아져서 손으로 쏘옥 들어왔어<br>– 이번에는 구겨진 신문지를 높이 던져 볼까<br>– 눈이 하늘에서 내리는 것 같구나.<br>**3. 눈을 표현한다.**<br>– 구겨진 신문지를 흰색 물감을 묻혀서 검은색 종이에 찍어 볼까?<br>– 정말 눈이 오는 모습이 되었네<br>– 눈사람 위에도 눈이오고, 나무 위에도 눈이오고, 친구 머리 위에도 눈이 오<br>  는구나<br>– 우리 노래 부르면서 해 볼까?<br>– 펄펄 눈이 옵니다. 하늘에서 눈이 옵니다. 하늘나라 선녀님들이 송이 송이<br>  하얀 눈을 자꾸 자꾸 뿌려줍니다. |

# ···18 손·발바닥 찍기

| | |
|---|---|
| **주요경험** | • 손바닥과 발바닥에 물감이 묻혀지는 감각을 느낀다.<br>• 바닥에 찍히는 손바닥과 발바닥의 모양을 관찰한다. |
| **준비물** | • 전지나 신문지(전지나 신문지 여러 장을 유리 테이프로 연결), 템페라 물감, 손과 발을 담글 수 있는 그릇 여러 개 |
| **활동방법** | 1. 물감을 그릇에 담아 섞는다.<br>  – 여기에 여러 색의 물감들이 있구나<br>  – 이 그릇에 어떤 물감을 담아볼까? 빨간색 물감을 담아 볼게<br>  – ○○ 친구는 보라색 물감을 담고 싶구나<br>  – 그릇에 물을 넣고 손으로 저어보자, 선생님을 물을 부어줄게, 쪼르륵 쪼르륵<br>  – 천천히 물감이 밖으로 나가지 않게 천천히 저어보자<br>2. 전지 위에 손바닥과 발바닥을 자유롭게 찍는다.<br>  – 손바닥에 물감을 묻혀볼까? 손이 어떻게 되었니? 빨간색으로 변하였구나<br>  – 손바닥을 종이에 찍어보자, 어머, 똑 같은 손바닥이 바닥에 찍혔네<br>  – 초록색 손바닥을 만들어 찍어볼까? 그 옆에 또 찍어 볼까?<br>  – 발바닥도 찍어보자<br>  – 어머 ○○ 발바닥이 보라색으로 변하였구나, 다른 쪽 발도 물감을 묻혀보자<br>  – 종이 위를 걸어봐, 어떻게 될까?<br>  – ○○의 발자국이 여러 개 생겼어 |
| **참고사항** | • 활동을 하는 주위에 의자를 두어 활동이 끝난 후 발을 들고 앉도록 한 후 물수건으로 발을 닦아준 뒤 물이 있는 곳에서 씻도록 한다. |

## ··· **19** 번지는 그림 그리기

| | |
|---|---|
| **주요경험** | • 젖은 종이에 싸인펜이 번지는 것을 관찰한다.<br>• 분무기를 이용해 물을 뿌려본다. |
| **준비물** | • 굵은 수성 싸인펜, 분무기, 켄트지 2장 |
| **활동방법** | 1. 분무기 통에 물을 담고 실외에서 바닥이나 벽면에 물을 뿌려본다.<br>　– 여기 분무기가 있네. 손잡이를 잡아당기면 물이 나오는구나.<br>　– 나무에도, 땅에도, 꽃에도 물을 뿌려보자.<br>2. 켄트지에 분무기로 물을 뿌린 다음 싸인펜으로 그림을 그려본다.<br>　– 이번에는 종이위에 물을 뿌려보자.<br>　– 종이가 촉촉히 물에 젖었네<br>　– 촉촉한 종이 위에 싸인펜으로 그림을 그리면 어떤 일이 일어날까?<br>　– 선생님이 동그라미를 그려볼게<br>　– 어머! 동그라미가 물 때문에 점점 번지고 있어.<br>　– 친구들도 그림을 그려보자.<br>3. 마른 종이에 싸인펜으로 그림을 그린 뒤 종이 위에 분무기로 물을 뿌린다.<br>　– 이번에는 물이 없는 종이에 그림을 그려보자<br>　– 그림 위에 분무기로 물을 뿌려볼까?<br>　– 그림이 어떻게 되었니?<br>　– 그림에 물을 뿌렸더니 그림이 번지기 시작하네.<br>　– 물이 그림을 번지게 하는구나. |

# 20 풀 그림 그려보기

| | |
|---|---|
| **주요경험** | • 손과 발로 풀 그림을 그려본다. |
| **준비물** | • 밀가루 풀, 쟁반, 식용색소, 켄트 전지 |
| **활동방법** | 1. 밀가루 풀에 식용 색소를 넣어 본 후 만져본다.<br>– 밀가루 풀이 있네. 한 번 만져볼까?<br>– 미끈 미끈 하고, 부드럽고, 걸죽하고, 아! 시원하네.<br>– 두 손에 밀가루 풀을 가득 담아보자.<br>– 선생님이 풀에 색깔을 넣어 볼게.<br>– 빙글 빙글 돌리며 섞어보자.<br>– 풀이 점점 분홍색으로 변하네.<br>2. 손에 밀가루 풀을 묻혀 전지에 찍어본다.<br>– 손바닥을 종이에 찍어보자. 와. ○○의 손이 나타났네.<br>– 여기도 저기도 찍어볼까? ○○의 손이 많아졌네.<br>– 이번에는 발모양을 만들어보자. 발도 많아졌네.<br>– 선생님 손도 찍어볼까? ○○손은 작고 선생님 손은 크네. |

# ··· 21 물풀 그림

| | |
|---|---|
| **주요경험** | • 다양한 색깔의 물풀을 만들어 본다.<br>• 물풀로 그림을 그려 본다. |
| **준비물** | • 식용색소(2~3가지), 물풀 3~4개, 나무젓가락, 흰색 도화지 |
| **활동방법** | 1. 다양한 색깔의 물풀을 만든다.<br>　－ 여기에 무엇이 있니?<br>　－ 투명한 물풀이야<br>　－ 선생님이 색깔이 있는 풀로 만들어 볼게<br>　－ 풀 뚜껑을 열고, 분홍색 가루를 넣어 젓가락으로 섞으면, 색깔이 점점 더 분홍색으로 변하다가 이젠 완전히 분홍색 풀이 되었네<br>　－ 또 다른 색 풀도 만들어 볼게<br>2. 색깔 풀로 그림을 그린다.<br>　－ 무슨 그림을 그려볼까?<br>　－ 선생님은 분홍색 풀로 꽃을 그려야지<br>　－ ○○는 무엇을 그리고 싶니?<br>　－ 바다를 그린 친구도 있구나, 파란색 풀로 그리니까 정말 바다 모양이 되었어<br>　－ 바다 속에 물고기도 그려볼까?<br>　－ 풀들이 섞여져서 다른 색 물감이 되었네<br>　－ 풀들이 섞여지니까 또 다른 색깔이 되는구나<br>　－ 구불구불 길도 그려보고, 콕 콕 찍어 돌멩이도 그려보고, 파도치는 모양이 되어 버렸네 |

# **22** 풀 장갑 인형 만들어 보기

| | |
|---|---|
| **주요경험** | • 장갑에 풀을 넣어 채워본다.<br>• 촉감을 느껴본다. |
| **준비물** | • 밀가루 풀, 식용색소, 위생장갑 |
| **활동방법** | 1. 밀가루 풀과 위생장갑을 탐색해 본다.<br>　－ 밀가루 풀이 있네. 여기에 연두색 가루를 넣어보자.<br>　－ 연두색 풀이 되었네. 장갑도 있어.<br>　－ 장갑을 후 하고 불어볼까? 왜! 장갑이 부풀었네. 풍선 같구나. 그리고 손 모<br>　　양이 되었어.<br>2. 위생장갑에 매직이나 색종이로 눈, 코, 입 모양을 꾸민 후 밀가루 풀을 넣고 손<br>　목 부분을 고무줄로 묶는다.<br>　－ 연두색 밀가루 풀을 장갑에 담아보자. 손이 연두색으로 변하였네. 만져볼까?<br>　－ 주물 주물 쥐어도 보고, 손바닥으로 눌러도 보자. 손가락으로 손모양 따라<br>　　그려볼까?<br>　－ 부드럽고 물렁물렁한 장갑이 되었어.<br>　－ 몇 개인지 손가락을 세어보자. 하나, 둘, 셋….<br>　－ 손에 눈, 코, 입이 있네.<br>　－ 멋진 손 인형이 되었구나.<br>3. 줄에 메달아 전시한다. |

## ··· 23  색풀로 그림 그리기

| | |
|---|---|
| **주요경험** | • 색깔 풀을 이용하여 마음대로 그림을 그려본다. |
| **준비물** | • 물풀, 여러 가지 식용색소, 도화지 |
| **활동방법** | 1. 물풀에 식용색소를 넣어 색풀을 만든 후 영아에게 제시한다.<br>　– 여기 노란색 풀이 있구나.<br>　– 노란색은 ○○의 양말과 같은 색이네. 자! 풀 뚜껑을 열고 한번 눌러보자.<br>　– 어머! 노란색 풀이 나오는구나.<br>2. 풀로 도화지 위에 그림을 그린다. 음악을 들으며 그려본다.<br>　– ○○가 노란색으로 동그라미를 그렸구나. 다른 색으로도 그려볼까?<br>　– 빨간 색을 골랐구나. 빨간색 풀로 그림을 그려보자.<br>　– 노란색 위에 빨간색 풀로 그림을 그렸구나.<br>　– 풀이 미끄러워 그림이 잘 그려지네.<br>　– 손을 빨리 빨리, 천천히 움직여 보자.<br>3. 여러 가지(동그라미, 세모, 네모), 과일 모양 등에 색칠을 해 본다.<br>　– 여기 맛있는 바나나가 있구나. 이 바나나를 색풀로 예쁘게 색칠해 보자.<br>　– 어떤 색으로 칠해 볼까?<br>　– ○○는 초록색 풀을 골랐구나. 이 그림 위에 초록색 풀을 칠해보자.<br>　– 와 ○○가 초록색 바나나를 만들었구나. |
| **참고사항** | • 플라스틱 케챂통이나 마요네즈 통에 밀가루 색풀을 넣은 후 물풀처럼 그림을 그릴수 있다. |

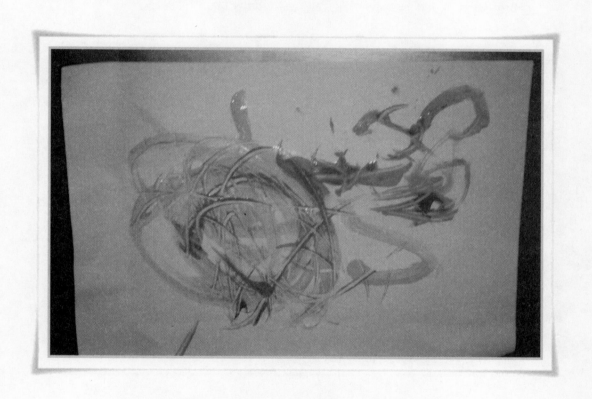

# ··· **24** 과일 씨 그리기

| | |
|---|---|
| **주요경험** | • 면봉을 이용하여 수박 씨를 표현한다. |
| **준비물** | • 면봉, 수박과 딸기가 그려진 그림, 템페라 물감 |
| **활동방법** | **1. 재료를 탐색한다.**<br>　– 여기에 무엇이 있니?<br>　– 목욕하고 엄마가 친구들 귀에 들어간 물을 닦을 때 쓰는 면봉이 있네<br>　– 맛있는 수박 그림도 있구나<br>　– 수박에 씨가 없어, 수박 속에 숨어 버렸나<br>**2. 수박그림에 수박 씨를 그린다.**<br>　– 면봉에 검은색 물감을 묻혔더니 하얀색 면봉이 검은색으로 되어버렸어<br>　– 수박에 면봉을 꼭 꼭 찍어 볼까?<br>　– 이제 수박에 씨가 생겼어. 정말 수박 씨가 되었구나<br>**3. 딸기그림에 딸기 씨를 그린다.**<br>　– 딸기에 씨가 있었는데 이 그림에는 씨가 없네<br>　– 딸기에 씨를 그려볼까?<br>　– 검은색 물감을 면봉에 묻힌 다음 딸기 그림에 씨를 콕 콕 찍어 그려보자 |
| **참고사항** | • 간식으로 수박이나 딸기를 먹으면서 씨앗을 관찰한 다음 활동을 하면 더욱 흥미를 갖게 할 수 있다. |

# 25 모양 도장 찍기

| | |
|---|---|
| **주요경험** | • 찍으면서 나타나는 여러 모양들을 관찰한다.<br>• 야채의 이름들을 말해 본다. |
| **준비물** | • 전지, 템페라 물감, 연근, 양파, 피망, 당근 등 |
| **활동방법** | 1. 야채들을 살펴본 후 절개를 한다.<br>    – 여기에 무엇이 있니?<br>    – 연근도 있고, 동글동글 양파도 있고, 초록색 피망도 있네<br>    – 선생님이 잘라 볼께<br>    – 연근에는 구멍이 많이 있네<br>    – 양파 속에는 동그라미가 아주 많이 있구나<br>    – 토끼가 좋아하는 주황색 당근도 있네<br>2. 야채에 물감을 묻혀 전지에 찍어본다.<br>    – 여기에 노란색 물감이 있구나, 물감이 흘리지 않도록 화장지를 넣어볼께<br>    – 초록색 피망을 물감에 찍어 종이에 찍어보면 어떤 모양이 나올까 정말 궁금하네, 어머, 꽃 모양을 닮았네<br>    – 당근은 동그라미 모양이 나타나는구나<br>3. 완성된 결과물을 벽면에 게시한다. |
| **참고사항** | • 양파, 피망 등은 영아들에게 매울 수 있으므로 물에 담가 매운 성분을 없앤다. 연근은 잘려진 것 보다 뿌리 채 준비한다. |

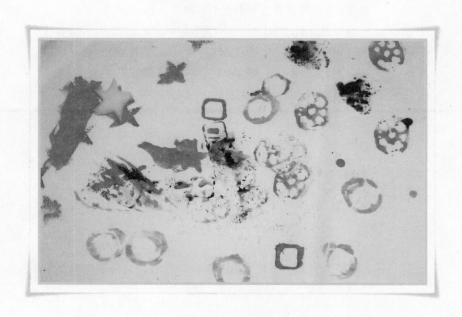

# 26 모양 스폰지 찍어보기

| 주요경험 | • 스폰지를 찍어 여러 가지 모양을 만들어 본다. |
|---|---|
| 준비물 | • 스폰지, 요구르트병, 도화지, 골판지, 검은색 종이, 템페라 물감, 접시 |
| 활동방법 | 1. 요구르트병 밑에 여러 가지 모양의 스폰지를 붙인 후 탐색한다.<br>　－ 이것은 무엇이니?<br>　－ 그런데 요구르트병 아래에 푹신한 스폰지가 붙여 있네<br>　－ 동그라미 모양, 네모 모양, 세모 모양. 여러가지 모양이 있구나.<br>2. 물감을 물에 푼 후 접시에 담아 물감을 묻혀 찍어본다.<br>　－ 물감에 묻혀 종이에 찍어보자.<br>　－ 동그라미 모양은 빨간색 물감을 찍었구나.<br>　－ 세모 모양은 초록색 물감을 찍었구나.<br>　－ 여러 가지 색의 물감을 묻혀 종이에 찍었더니 그림이 되었네.<br>3. 여러 가지 종이를 준비해 주어 다양한 느낌을 경험하게 한다.<br>　－ 골판지에 스폰지를 찍었더니 울퉁불퉁한 모양이 되었구나<br>4. 완성된 그림은 벽면에 전시해준다. |

# 27 자동차 바퀴 찍기

| | |
|---|---|
| **주요경험** | • 자동차가 지나간 흔적을 볼 수 있다.<br>• 자동차를 굴려 바퀴 자국으로 모양을 만들어 본다. |
| **준비물** | • 템페라 물감, 화장지, 넓은 그릇, 다양한 소형 장난감 자동차 |
| **활동방법** | 1. 준비물을 탐색한다.<br>  – 여기에 무엇이 있니?<br>  – 여러 가지 자동차가 있네, 빨간색 자동차의 바퀴와 초록색 자동차의 바퀴 모양이 다르구나, 그리고 빨간색 자동차의 바퀴가 더 크네<br>2. 자동차에 물감을 바른다<br>  – 여기 접시에 무엇이 있니?<br>  – 화장지에 빨간색 물감을 들여 놓았구나<br>  – 이 빨간 색 화장지 위에 바퀴를 앞으로 뒤로 굴려 보자<br>  – 바퀴가 어떻게 되었니?<br>  – 물감이 묻었구나<br>3. 종이에 바퀴를 굴려 바퀴 자국을 만든다.<br>  – 물감이 묻은 자동차를 종이 위에 굴리면 어떻게 될까?<br>  – 자동차 바퀴 모양이 찍히네, 앞으로 뒤로 굴리면서 자동차 바퀴 자국을 만들어 보자, 나왔구나<br>  – 이 자동차 바퀴는 점 모양이 나왔네<br>  – 빨간색 자동차는 세모 모양이 나왔어, 정말 신기하다. |

## 28  스탬프 도장 찍어보기

| | |
|---|---|
| **주요경험** | • 찍으면서 나타나는 여러 모양들을 관찰한다.<br>• 여러 모양들의 이름을 말해 본다. |
| **준비물** | • 스탬프, 여러 가지 모양이 그려진 도장, 도화지 |
| **활동방법** | 1. 여러 가지 모양의 도장과 스탬프, 도화지를 준비한 후 탐색한다.<br>   – 여기 여러 가지 모양의 도장이 있구나. ○○가 좋아하는 동물 모양의 도장도 있네.<br>   – 와~ 하트 모양 도장도 있고, 숫자 모양 도장도 있구나. 또 날씨에 관한 도장도 있네<br>   – 이것을 종이에 한번 찍어볼까? 어머 아무런 모양도 나오지 않네.<br>   – 어떻게 해야 모양이 종이에 나올 수 있을까? 스탬프 잉크에 찍어보자.<br>2. 스탬프 도장에 잉크를 묻혀 찍어본다.<br>   – 이렇게 물감을 묻혀서 도화지에 찍어볼까? 무슨 모양이 나올까?<br>   – 왜! 숫자 모양의 도장이구나. 숫자 2가 나왔어.<br>   – 눈사람도 찍어보고, 우산도 찍어보고, 햇님도 찍어보자.<br>   – ○○는 우산을 여러번 찍었네. 한번, 두 번, 세 번.<br>   – 우산 위에 비가 올 수 있도록 비 모양의 도장을 찍어보자. |

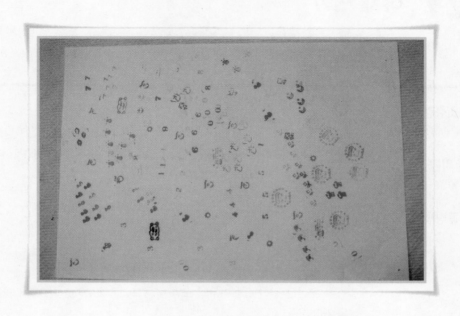

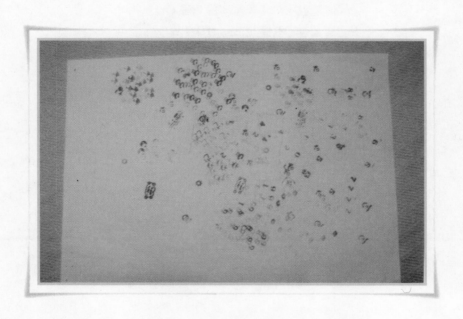

# 29 야채 찍기

| 주요경험 | • 다양한 야채의 이름을 불러본다.<br>• 야채를 찍어 나타나는 모양에 관심을 갖는다. |
|---|---|
| 준비물 | • 오이, 당근, 피망, 고추, 템페라 물감, 접시, 솜(양파와 고추는 물에 담가두어 매운 느낌이 들지 않도록 한다.) |
| 활동방법 | 1. 다양한 야채들을 관찰한다.<br>   – 여기에 무엇이 있니?<br>   – 어디서 보았니?<br>   – 길죽한 오이도 있고, 초록색 피망도 있고, 빨간 고추도 있네<br>   – 길죽한 오이를 잘라보니 가운데 모양은 동그랗구나(오이를 자르고 잘라진 부분을 가리키며)<br>2. 접시에 물감 솜을 만든다.<br>   – 접시에 물감을 짜고 물을 넣은 다음 ○○가 저어 주겠니?<br>   – 노란색 물감에 솜을 넣으면 어떻게 될까?<br>   – ○○가 물감에 솜을 넣어 보겠니?<br>   – 하얀색 솜이 노란색 솜으로 변해버렸구나<br>3. 야채를 물감에 적신 후 도화지에 찍어본다.<br>   – ○○는 오이를 들고 있네, 무슨 색 물감을 찍고 싶니?<br>   – 파란색 물감을 찍었구나, 무슨 모양이 나타날까 정말 궁금해<br>   – 종이에 찍어 보자<br>   – 동그란 모양이 나타났어<br>   – 초록색 피망을 들고 있는 ○○는 빨간색 물감을 찍었구나<br>   – 피망을 종이에 찍으니 꽃 모양이 나타났구나, 정말 신기하다. |

## ··· **30** 마음대로 긁적거리기

| | |
|---|---|
| **주요경험** | • 여러 가지 도구를 이용해 큰 종이에 그려본다. |
| **준비물** | • 여러 가지 그리기 도구(크레파스, 색연필, 굵은 싸인펜), 전지 |
| **활동방법** | 1. 그리기 도구들을 탐색한다.<br>　– 여기에 무엇이 있니?<br>　– 크레파스도 있고, 색연필도 있고, 싸인펜도 있구나.<br>　– 큰 종이가 있네. 여러 명이 함께 그릴 수 있겠다.<br>2. 영아가 전지에 마음대로 그린다.<br>　– ○○이는 빨간색 크레파스로 커다란 동그라미를 그렸네.<br>　– 무엇을 그리고 싶니?<br>　– 무엇을 그렸는지 선생님에게 말해 줄 수 있겠니?<br>　– ○○의 파란색 선도 기다란 줄이 되었네.<br>　– ○○는 크레파스와 싸인펜을 번갈아 가면서 그리는구나<br>　– ○○는 여러 가지 색으로 그림을 그렸네.<br>　– 종이 가운데 있는 그림은 누가 그렸니?<br>3. 전지 위에 참여한 영아들의 이름을 쓴 뒤 벽에 게시한다. |

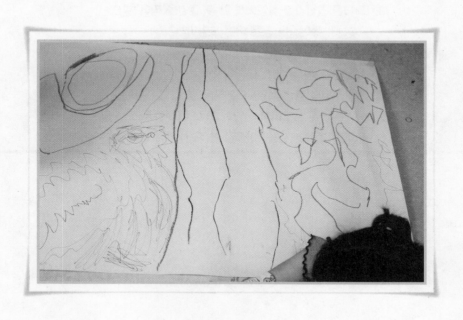

# ···31 장난감 모양 찍어보기

| | |
|---|---|
| **주요경험** | • 장난감을 찍어 나타나는 모양을 살펴 본다. |
| **준비물** | • 도화지, 찍을 수 있는 여러 가지 모양의 장난감, 템페라 물감, 접시, 화장지 |
| **활동방법** | 1. 여러 가지 모양의 장난감을 보여주며 탐색한다.<br> – 여기 여러 가지 장난감이 있네. 무슨 장난감이 있니?<br>2. 접시에 물감을 섞고 화장지를 담근 후 장난감에 물감을 묻혀 종이에 찍어본다.<br> – 장난감의 모양을 물감에 묻혀 종이에 찍어보자.<br> – 이건 도너츠와 같은 동그라미 모양이구나.<br> – 이건 그림책과 같은 네모 모양이 되었네.<br> – 동그라미 모양은 노란색이고, 세모 모양은 파란색이구나.<br>3. 또 다른 장난감을 찾아오게 한 후 물감을 찍어본다.<br> – ○○가 좋아하는 공은 어떤 모양일까?<br> – 그래. 공은 동그라미 모양이구나.<br> – 초록색 물감을 묻혀서 찍어보자.<br>4. 같은 모양의 장난감을 찾아본다.<br> – ○,○,○는 동그라미 모양이고, ○,○,○는 네모 모양으로 찍혔네.<br>5. 찍혀진 모양에 장난감 이름을 쓴 후 벽면에 붙여 놓는다. |

# 32 골판지 위에서 그림 그리기

| 주요경험 | • 골판지의 촉감을 느껴본다.<br>• 골판지에 그림을 그려본다. |
|---|---|
| 준비물 | • 골판지, 도화지, 그리기 도구 |
| 활동방법 | **1. 골판지를 보여준다.**<br>　– ○○야. 이건 무엇일까?<br>　– 손바닥으로 문질러 보겠니? 울퉁불퉁한 모양이네.<br>　– 손가락으로 긁어볼까?<br>　– 드르륵 소리가 나네.<br>**2. 도화지를 골판지 위에 대고 크레파스로 문지르기를 한다.**<br>　– 골판지 위에서 그림을 그려보자. 쓰윽 쓰윽 싸악 싸악.<br>　– 어, 줄이 비틀비틀 그려지네.<br>　– 골판지는 울퉁불퉁하여 옆으로 줄을 그었더니 줄이 잘 그려지지 않는구나.<br>　– 위에서 아래로 그려볼까? 그림이 잘 그려지네.<br>**3. 골판지 위에서 자유롭게 그림을 그려본다.**<br>　– 무엇을 그리고 싶니?<br>　– 힘이 들면 선생님이 도와줄께.<br>　– 그릴 때 종이에서 탁탁탁 소리가 나네. 소리가 나는 그림이네. |

 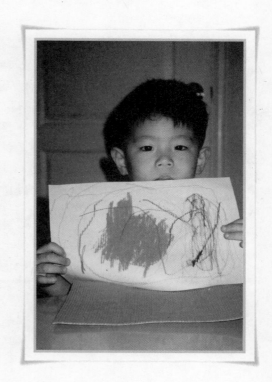

## ··· **33** 색칠하기

| | |
|---|---|
| **주요경험** | • 모양 안에 색을 칠한다.<br>• 긁적거리는 경험을 한다. |
| **준비물** | • 여러 가지 모양을 그려서 오린 두꺼운 종이, 크레파스, 두꺼운 사인펜(파스넷) |
| **활동방법** | 1. 여러 가지 모양을 탐색한다.<br>    – (종이를 지적하며) 동그라미도 있고, 세모도 있고, 하트 모양도 있네, 여기에<br>      우리 친구가 좋아하는 딸기 모양도 있구나<br>2. 모양 종이에 색을 칠한다.<br>    – 어떤 색을 칠하고 싶니?<br>    – 빨간색 크레파스로 칠하고 있구나<br>    – 이번에는 노란색과 파란색으로 그렸네<br>3. 다른 재료를 사용하여 칠한다. |
| **참고사항** | • 나이가 어릴수록 손목과 손가락의 조정능력이 미숙하여 얇은 종이에 긁적거리기를 할 경우 종이가 찢어질 수 있으므로 두꺼운 종이를 사용한다. 영아들에게는 원래 사물과 표현한 사물의 색이 맞지 않더라도 강요할 필요는 없다. |

# **34** 요술 크레파스

| | |
|---|---|
| **주요경험** | • 그리는 도구의 모양에 따른 다양한 흔적을 관찰한다. |
| **준비물** | • 크레파스, 종이, 접착 테이프, 칼 |
| **활동방법** | 1. 크레파스를 관찰한다.<br> – (크레파스를 가까이 들고) 파란색 크레파스 밑이 동그랗게 되었네<br> – (크레파스를 칼로 뾰족하게 깎는다.) 노란색 크레파스는 끝이 뾰족하게 되었네<br> – (크레파스 두 개를 접착 테이프로 묶는다) 빨간색과 검은색 크레파스 두 개가 나란히 붙어 있네<br>2. 종이에 크레파스를 칠한다<br> – 크레파스로 종이 위에 마음대로 선을 그어보자<br> – 이번에는 선생님처럼 끝이 뾰족한 크레파스를 골라서 종이에 그려보자<br> – 선이 얇아졌네, 이 선(전에 그었던 선)은 두꺼운데 지금 그렸던 선은 얇네<br> – 두 개가 붙어있는 크레파스를 골라볼까<br> – 이 크레파스로 그림을 그리면 어떤 모양이 나타날까?<br> – 선이 두 개가 나왔어, 한 번 그렸는데 선이 두 개가 나왔구나 |

# 35 비가 내려요

| | |
|---|---|
| **주요경험** | • 비오는 날 빗속을 걸어본다.<br>• 비오는 모습을 표현해 본다. |
| **준비물** | • 크레파스, 검은색 도화지, 색종이로 만든 우산, 풀, 가위 |
| **활동방법** | **1. 빗속을 걸어본다(실외에서)**<br> – ○○는 빨간색 우산이네<br> – ○○도 빨간색과 노란색이 우산에 있네<br> – 비오는 소리를 들어볼까<br> – 두두두두 비오는 소리가 들리네<br> – 우산 밖으로 손을 내 밀고 비를 만져 보자<br> – 어떤 느낌이 드니?<br> – 아, 정말 시원한 느낌이야<br>**2. 우산을 검은색 도화지에 붙인다(실내에서)**<br> – 여기 이 모양이 무엇인 것 같니?<br> – 친구들이 밖에서 썼던 우산 모양이네, 선생님이 색종이로 우산을 만들었어<br> – 선생님과 함께 이 우산을 종이에 붙이고 비오는 모습을 그려보자<br>**3. 비오는 모습을 표현한다.**<br> – 우리 조금 전 에 밖에 나가 우산 쓰고 놀았었지?<br> – 그런데 우산에서 두두두두 소리가 났었는데, 왜 우산에서 두두두두 소리가 났을까?<br> – 그래, 비가 내려서 소리가 난 거야<br> – 그런데, 여기에는 비가 내리지 않네<br> – 비오는 모습을 크레파스로 표현해 보자<br> – 비가 위에서 아래로 쑥 쑥(크레파스를 위에서 아래로 그리며) 내리고 있네<br> – 길게 내리는 비도 있고, 짧게 내리는 비도 있고, 정말 많은 비가 내리고 있구나, 밖에서 내리는 비 보다 ○○의 우산에 비가 더 많이 내리네 |
| **참고사항** | • 비오는 날 우산을 쓰고 빗속을 걸어보고 비를 만져보는 등의 활동을 한 후에 하면 더욱 흥미있게 진행할 수 있다. |

## ···**36** 빗 꾸며보기

| | |
|---|---|
| **주요경험** | • 위에서 아래로 빗 모양을 그려 본다.<br>• 빗을 꾸며 본다. |
| **준비물** | • 색연필, 빗의 겉모양이 그려진 도화지(영아 1인당 1장), 스티커 |
| **활동방법** | 1. 빗을 보여주며 탐색한다.<br>　– 여기 빨간색 빗이 있네. 이것은 무엇을 할 때 쓰는 것이니?<br>　– 그래 머리를 빗는 거야.<br>2. 도화지에 빗 모양의 테두리를 그려서 보여준다.<br>　– 선생님이 네모 모양의 빗을 그렸어. 그런데 겉부분만 있고 가운데 빗살이 없<br>　　구나<br>　– ○○가 네모 모양의 빗을 만들어 보겠니?<br>　– 빗살을 위에서 아래로 그려보자. 선생님처럼 이렇게.<br>3. 빗살을 다 그리면 스티커를 주고 테두리를 꾸며보게 한다.<br>　– 빗 모양이 다 완성되었구나. 예쁜 주황색 빗이 되었어.<br>　– 빗을 ○○가 좋아하는 스티커로 꾸며보자.<br>　– 꽃게 모양, 병아리 모양 스티커를 붙이니까 더욱 멋진 빗이 되었구나.<br>4. 완성된 빗 모양을 오려 소꿉방(창의영역)의 거울 주위에 붙여준다. |

# ···37 입술모양 찍어보기

| | |
|---|---|
| **주요경험** | • **립스틱으로 입술을 그려본다.**<br>• **입술의 특징을 관찰한다.** |
| **준비물** | • 눈, 코가 그려진 얼굴 모양 도화지(영아1인당 1장), 크레파스, 립스틱<br>• 눈, 코가 그려진 마요네즈나 케찹 통(영아1인당 1개), 플라스틱 거울 |
| **활동방법** | 1. 얼굴 모양의 도화지 그림을 보여주며 탐색한다.<br>   – 우리의 얼굴 모양이 있네. 눈은 어디 있을까?<br>   – ○○의 눈은 어디 있니?<br>   – 코는 어디 있을까?<br>   – 그런데 입은 어디 있지?<br>   – 입이 없구나. 그럼 우리가 예쁜 입을 만들어 주자.<br>2. 영아들의 입에 립스틱으로 입술을 바른 후 종이에 찍어본다.<br>   – 거울을 보고 립스틱으로 입술을 발라 볼까?<br>   – ○○는 분홍색 입술이 되었고, ○○는 빨간색 입술이 되었네<br>   – 입술에 무늬가 있네. 정말 신기하다.<br>   – 어디에 입술을 찍어야 할까?<br>   – 여기에 ○○의 입술을 찍으니까 ○○가 되었구나.<br>   – 또 다른 친구들도 입술을 찍어 보자.<br>3. 마요네즈 통을 보여주며, 마요네즈 통에 입술을 찍어본다.<br>   – 이것은 무엇이니?<br>   – 무엇이 그려져 있니? 입술이 없구나.<br>   – 마요네즈 통에 ○○가 입술 모양을 찍어주겠니?<br>   – 어떻게 찍어야 할까?<br>   – 통을 들고 입술에 갖다 대어 보자.<br>   – 그래. ○○가 빨간색 입술모양을 찍어주었더니 마요네즈 인형이 되었구나.<br>   – 또 다른 인형도 만들어보자.<br>4. 완성된 그림과 통에 영아들의 이름을 붙여서 전시해 둔다. |

## ···**38** 커다란 상자 꾸미기

| | |
|---|---|
| **주요경험** | • 상자에 마음대로 그림을 그린다.<br>• 상자에 마음대로 종이를 붙여 본다. |
| **준비물** | • 전자제품 상자(상자 네면에 구멍을 뚫는다), 크레파스, 칼라매직, 색종이, 풀, 신문지 |
| **활동방법** | 1. 상자를 관찰한다.<br>  – 여기에 큰 상자가 있네<br>  – 무엇을 넣었던 상자일까?<br>  – 텔레비젼 그림이 그려져 있는 것을 보니, 텔레비젼을 담았던 상자인가 봐<br>  – 여기에 구멍이 있네, 저쪽에도 구멍이 있네<br>  – 이 구멍으로 보면 어디가 보일까?<br>  – ○○가 상자 안으로 들어갈 수 있겠니?<br>  – 구멍으로 밖을 봐, 무엇이 보이니?<br>2. 상자를 꾸민다.<br>  – 이것으로 무엇을 하면 좋을까?<br>  – 여기에 크레파스로 그림을 그릴 수도 있고, 색종이를 붙일 수도 있겠다.<br>  – 상자가 크니까 큰 그림을 그릴 수도 있겠다<br>  – 상자가 크니까 색종이를 자르지 않아도 되겠구나<br>  – 신문지를 마음대로 찢어 볼까?<br>  – 찢어진 신문을 붙이면 신문지 상자가 될 수도 있겠다.<br>  – ○○는 무슨 그림을 그렸니?<br>  – ○○는 초록색 색종이를 붙이고 있구나 |

**··· 39** 큰 돌멩이에 색칠하기

| 주요경험 | • 딱딱한 돌멩이에 색칠하는 경험을 한다.<br>• 다양한 재질에 그림을 그려본다. |
|---|---|
| 준비물 | • 크고 평평한 돌멩이, 흰 종이, 크레파스 |
| 활동방법 | 1. 자료를 탐색한다.<br>　– 이것은 무엇일까?<br>　– 큰 돌멩이구나, 아주 딱딱하네,<br>　– (종이를 들며) 종이는 가벼운데 돌멩이는 무겁네<br>　– (종이와 돌멩이를 만지며) 종이는 부드러운데 돌멩이는 딱딱하구나<br>2. 돌멩이와 종이에 크레파스로 그림을 그린다.<br>　– 크레파스로 돌멩이에 그림을 그리면 어떻게 될까?<br>　– 마음대로 돌멩이에 그림을 그려볼까?<br>　– 같은 색으로 종이에도 그려보자.<br>　– 돌멩이와 종이에 그려진 노란색이 다르네 |

# **40** 밤하늘 꾸미기

| | |
|---|---|
| **주요경험** | • 낮과 밤에 하늘에 떠있는 것들을 말해 본다.<br>• 밤하늘을 꾸며본다. |
| **준비물** | • 검은색 도화지, 별, 달 스티커, 크레파스, 해, 달, 별에 관한 그림자료 |
| **활동방법** | 1. 하늘에 떠 있는 것들에 대해 이야기한다.<br>　– 하늘에는 무엇이 있지?<br>　– 환하게 비쳐주는 해가 있고<br>　– 그럼 깜깜한 밤하늘에는 뭐가 있을까?<br>　– 달도 있고, 별도 있어요<br>　– 깜깜한 밤하늘에 달은 하나 있는데 별은 아주 많이 있단다.<br>2. 검은색 도화지와 별, 달 스티커를 살펴본다.<br>　– 여기에 검은색 도화지가 있네, 밤 하늘처럼 까만 도화지네<br>　– 별들이 아주 많이 있구나, 큰 별, 작은 별, 아주 작은 별, 그리고 달도 있네<br>　– ○○가 달을 찾아보겠니?<br>　– 가장 큰 별은 어디에 있어?<br>3. 검은색 도화지 위에 별과 달 스티커로 밤하늘을 꾸며본다.<br>　– 하나씩 별을 떼어서 검은색 도화지 위에 붙여보자<br>　– 큰 별 옆에 작은 별도 붙여보고<br>　– 이쪽에는 달을 붙여 볼까?<br>　– ○○의 밤하늘에는 별이 정말 많이 떠 있구나<br>　– 깜깜한 밤하늘에 별들이 손을 잡을 수 있도록 크레파스로 선생님처럼 별과 별을 연결해 볼까?<br>4. 완성된 밤하늘을 잠자기 영역 천정에 붙여준다. |

# **41** 칫솔 그려보기

| | |
|---|---|
| **주요경험** | • 위에서 아래로 칫솔의 솔을 그려본다. |
| **준비물** | • 색도화지, 칫솔, 칫솔 모가 없는 모양의 종이, 크레파스, 풀 |
| **활동방법** | 1. 칫솔을 탐색한다.<br>    – 이것이 무엇이니?<br>    – 그래, 칫솔이야. 이것으로 무엇을 하지?<br>    – 음식을 먹은 후 치카치카 이를 닦는 칫솔이야.<br>    – 이를 닦을 때 어디를 손으로 잡지?<br>    – 이를 닦는 부분은 어디야?<br>    – 그래, 이곳의 털로 이를 닦지.<br>    – 이곳의 털이 없으면, 오래되면 어떻게 될까?<br> 2. 칫솔 모가 없는 칫솔 모양의 종이에 칫솔모를 그린다.<br>    – 칫솔대만 있고 털이 없는 칫솔이 있네.<br>    – 칫솔 털을 그려볼까?<br>    – 위에서 아래로, 위에서 아래로 털이 아주 많으니까 친구들이 털을 많이 그려<br>      주어야겠네.<br>    – ○○는 살색 크레파스로 칫솔 털을 그리고 있구나.<br>    – ○○는 분홍색 칫솔이 되었고, ○○는 커다란 빨간색 칫솔이 되었네.<br> 3. 칫솔 털을 다 그리면 칫솔을 오린 후 이닦는 흉내를 내본다.<br>    – 음식을 먹고 난 후 위에서 아래로, 오른쪽, 왼쪽으로 이를 닦는 거야.<br>      ○○도 해보겠니? |

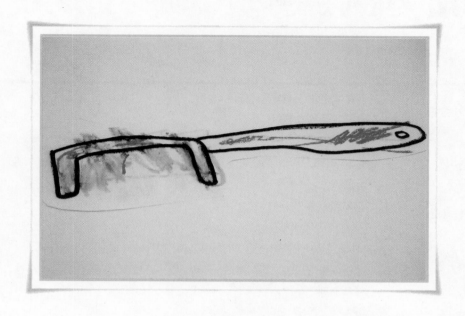

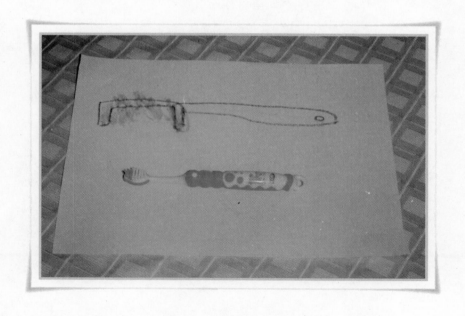

# **42** 신문지 옷 꾸미기

| 주요경험 | • 물건의 다양한 쓰임새를 경험한다.<br>• 신문지 옷을 입어본다. |
| :---: | :--- |
| 준비물 | • 신문지, 여러 모양과 색으로 오려진 칼라시트지, 가위 |
| 활동방법 | 1. 신문지로 옷을 만든다.<br>   – 이것은 무엇이지?<br>   – 그래, 신문지야, 이 신문지로 선생님이 친구들의 옷을 만들어줄께<br>   – 신문지를 반으로 접은 후 친구들이 얼굴이 들어갈 곳을 선생님이 동그랗게<br>     오려볼께<br>2. 신문지에 장식을 한다.<br>   – 여기에 여러 가지 모양이 있네, 선생님처럼 뒤에 있는 하얀 종이를<br>     떼어 내면 신문지에 붙일 수 있어<br>   – 신문지 여기 저기에 여러 모양들을 붙여보자<br>   – 노란 동그라미도 붙이고, 큰 네 모도 붙이고<br>   – 동글 동글 동그라미가 많아졌네, 동그라미 신문지 옷이 되었네<br>3. 신문지 옷을 입어본다.<br>   – 신문지 옷을 입어보자<br>   – 신문을 펼쳐서 동그란 구멍에 머리를 넣어보자<br>   – 옷이 되었네<br>   – 친구들의 옷을 볼까?<br>   – 옷을 입고 걸어보자<br>   – 옷을 입고 빙 돌아보자<br>   – 옷을 입고 통통 뛰어보자 |

## ···**43** 색종이 찢어 붙이기

| | |
|---|---|
| **주요경험** | • 색종이를 찢어서 붙여 본다.<br>• 여러 가지 모양 안에 색종이를 찢어서 붙여본다. |
| **준비물** | • 색종이, 도화지, 풀, 색연필 |
| **활동방법** | 1. 색종이를 찢어서 도화지에 붙여본다.<br> – 색종이를 찢어보자.<br> – 파란색 종이도 찢어보고, 노란색 종이도 찢어보자.<br> – 찢어진 색종이 조각을 도화지에 붙여보자. 종이에 세모, 네모, 동그라미가 그려져 있네.<br> – 네모 안에 색종이를 붙여볼까?<br> – 주황색 나라가 되었구나. 동그라미 안에도, 세모 안에도 붙여보자. |

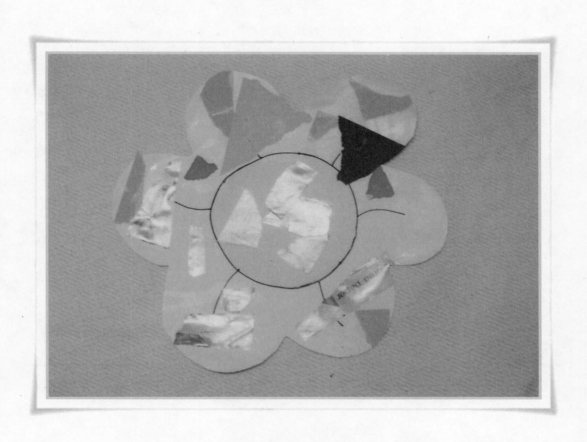

# 44 다양한 종류의 종이 찢어보기

| 주요경험 | • 다양한 종류의 종이를 찢어본다. |
|---|---|
| 준비물 | • 여러 가지 종이(색종이, 신문지, 도화지, 전단지 등) |
| 활동방법 | 1. 다양한 종류의 종이를 보여준다.<br>　– (신문지를 보여주며) ○○야. 이건 무엇일까? 신문지라고 한단다. 조그마한 글씨가 많이 있구나.<br>　– (색종이를 보여주며) 이건 색종이라고 해. 빨간색, 초록색, 노란색….<br>　– 좋아하는 색깔의 색종이를 골라보자.<br>2. 종이로 찢기, 구기기, 비비기, 흔들어보기 등의 활동을 한다.<br>　– ○○가 신문지를 한번 흔들어볼까? 팔랑 팔랑. 색종이도 흔들어보자.<br>　– 이번에는 신문지를 찢어보자. 어, 종이를 찢는데 무슨 소리가 나는구나.<br>　– 조용히 들어볼까? 무슨 소리니? 찌지직 소리가 나는구나.<br>　– ○○가 소리를 흉내내 볼까? 찌지직<br>　– 이번에는 종이를 구겨보자. 두 손으로 꼭 쥐어보자.<br>　– 종이 두 장을 비벼보자.<br>3. 찢은 종이를 모아서 던져보고 동그랗게 공을 만들어 발로 차기, 던지기 등을 해본다. |

# **45** 화장지 붙여보기

| | |
|---|---|
| **주요경험** | • 화장지를 양의 몸에 붙여본다.<br>• 화장지를 구름에 붙여본다. |
| **준비물** | • 화장지, 물, 풀, 양 모양의 그림, 구름 모양의 그림, 양 인형 |
| **활동방법** | 1. 양 인형, 양 그림, 구름 그림을 탐색한다.<br>　– 여기에 무엇이 있니?<br>　– 양 인형을 만져 볼까?<br>　– 부드럽고, 푹신푹신하네.<br>　– 양 인형처럼 양의 몸에는 부드러운 털이 많이 있어.<br>　– 그런데 이 양(양 그림)은 털이 없네.<br>　– 털이 없구나.<br>　– 양 인형처럼 양의 몸에 부드럽고 푹신푹신한 털을 붙여주자.<br>2. 양 모양의 그림 위에 화장지로 털을 붙여보게 한다.<br>　– 양의 몸에 부드러운 털을 붙여주자.<br>　– 화장지로 꾸며볼까?<br>　– 양의 몸에 풀을 칠한 다음에 화장지를 작게 찢어 붙여보자.<br>　– ○○의 양은 털이 아주 많아졌네. 양이 따뜻하겠네.<br>3. 구름 그림에 화장지를 찢어 붙여본다. |

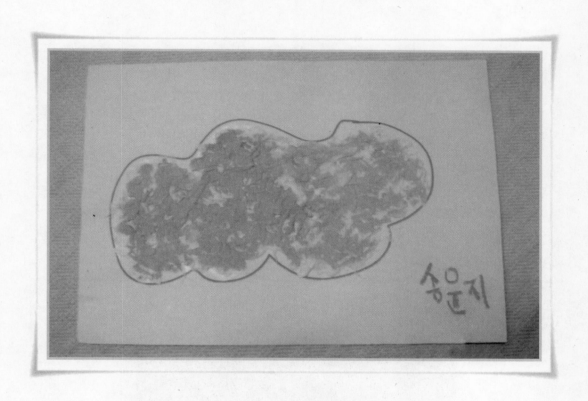

## 펀치로 색종이 구멍내어 붙여보기

| | |
|---|---|
| **주요경험** | • 펀치로 색종이에 구멍을 내어본다.<br>• 구멍 난 색종이를 종이에 붙여본다. |
| **준비물** | • 색종이, 펀치, 풀, 도화지 |
| **활동방법** | 1. 펀치를 보여주며 영아가 탐색한다.<br>　– 여기 펀치가 있네. 이것은 종이에 구멍을 낼 때 사용하는 거야.<br>　– (시범을 보이며) 이렇게 종이에 펀치를 대고 누르면 구멍이 뚫리는 거야.<br>　– 구멍으로 OO의 예쁜 얼굴이 보이는구나. OO도 한번 해보자.<br>2. 펀치로 색종이에 구멍을 뚫어본 후, 도화지에 붙여본다.<br>　– OO가 파란색종이에 구멍을 뚫고 있구나. 와! 색종이에 동그란 구멍이 많이<br>　　생겼구나.<br>　– 구멍이 뚫릴 때마다 톡톡 소리가 나네.<br>　– 이것을 어떻게 할까?<br>　– 도화지 위에 붙여볼까?<br>　– 동그라미가 아주 많아졌어. 동그라미 나라가 되었어. |

# **47** 도너츠 꾸며보기

| | |
|---|---|
| **주요경험** | • 동그란 도너츠를 꾸며본다.<br>• 동그라미로 여러 가지 모양을 만들어 본다. |
| **준비물** | • 쌀 뻥튀기, 물엿, 도너츠 모양의 색지, 붓 접시 |
| **활동방법** | 1. 동그란 도너츠 모양을 보여준다.<br>   – 여기 동그라미가 있구나. 손으로 동그라미를 따라 그려보자.<br>   – 동그란 모양 안에 작은 동그라미가 있구나. 무엇을 닮았니?<br>   – 도너츠 모양인가? 바퀴 모양인가?<br>2. 도너츠 모양 위에 쌀 뻥튀기를 붙인다.<br>   – 도너츠를 만들어 보자.<br>   – 맛있는 도너츠를 만들기 위해서 쌀 뻥튀기를 붙여볼까?<br>   – 먼저 붓으로 물엿을 바르고 그 위에 뻥튀기를 뿌려보자.<br>   – 물엿이 풀처럼 뻥튀기를 종이에 붙게 만들었네.<br>3. 도너츠를 모아 접시에 담아 본다.<br>   – 동그란 모양을 가지고 무엇을 만들 수 있을까?<br>   – 친구들이 만든 도너츠를 접시에 담아 보자.<br>   – 누구 도너츠가 제일 맛이 있을까? |

# 48 종이 찢어 붙이기

| | |
|---|---|
| **주요경험** | • 종이를 찢으면서 나는 소리를 경험한다.<br>• 찢어진 종이를 활용한다. |
| **준비물** | • 전지, 다양한 색깔의 색지, 풀 |
| **활동방법** | **1. 색지를 영아에게 나누어 준다.**<br> – 여러가지 색깔의 종이가 있구나, 초록색 종이, 빨간색 종이<br> – 어떤 색의 종이를 가지고 싶니?<br> – ○○는 노란색의 종이를 골랐구나<br>**2. 손으로 종이를 찢으면서 소리를 들어본다.**<br> – 종이를 선생님처럼 찢어 볼까?<br> – 긴 종이가 되었네, 이번에는 짧은 종이가 되었네<br> – ○○는 노란색 종이를 길게 찢어구나<br> – 종이를 찢는 동안 무슨 소리가 나네, 어디서 나는 소리일까?<br> – 이번에는 귀 가까이에 대고 종이를 찢어 볼까?<br> – 종이가 찢어지면서 나는 소리였구나<br> – 종이가 찢어지면서 어떤 소리가 나는지 흉내 내어 볼까?<br>**3. 찢어진 종이를 날려본다.**<br> – 정말 많은 종이가 쌓였네<br> – 종이를 들어서 머리 위로 높이 던져 볼까?<br> – 여러 개의 종이를 한꺼번에 높이 던져볼까?<br> – 떨어지고 있는 종이를 선생님처럼 잡아보자<br>**4. 찢어진 종이를 전지에 붙인다.**<br> – 한쪽에 풀칠을 한 다음에 큰 종이에 붙여볼까?<br> – 선생님은 나비를 만들거야<br> – ○○는 무엇을 만들고 싶니?<br> – 여러 개의 동그라미가 만들어졌네<br> – (그림을 가리키며) 검은색 긴 길도 만들어졌구나 |

## **49** 그림 스티커 붙이기

| | |
|---|---|
| **주요경험** | • 손가락을 움직여 그림스티커를 떼어내고 붙여보는 경험을 한다. |
| | • 그림의 위치를 바꾸어 이야기한다. |
| **준비물** | • 투명 시트지로 싼 흰 색의 하드보드지 2장, 그림 스티커 |
| **활동방법** | 1. 하드 보드지 위에 그림 스티커를 붙인다. |

1. 하드 보드지 위에 그림 스티커를 붙인다.
   - (그림 스티커를 보이며) 그림을 떼어 볼까?
   - 자, 이렇게 하니까 그림이 떼어지네
   - 그림을 떼어서 여기(하드보드지)에 붙여 볼까?
   - 여기(하드보드지)에 그림을 붙인 다음 손바닥으로 꼭 꼭 눌러보자
   - 작은 개구리 옆에 큰 개구리가 앉았네
   - 개구리 위에 꽃도 있구나
2. 붙여진 그림 스티커를 다른 하드보드지에 옮겨 붙인다.
   - 가장 큰 개구리를 골라서 어디에 붙여 볼까?
   - 작은 개구리를 큰 개구리 위에 붙여 볼까?
   - 엄마 개구리가 아기 개구리를 업고 있는 그림이 되었구나
   - 꽃을 떼어서 개구리 아래에 붙여 보자
   - 아름다운 꽃밭이 되었네
3. 다른 시간에 위와 같은 활동을 반복한다.

## ... **50** 스티커로 모양 꾸미기

| 주요경험 | • 여러 가지 모양 안에 스티커를 붙여 꾸며 본다. |
|---|---|
| 준비물 | • 여러 모양의 스티커, 도화지, 색연필 |
| 활동방법 | 1. 스티커를 제시한다.<br>　– 여러 가지 스티커가 있구나. 동물 모양도 있고, 별 모양도 있네.<br>2. 스티커를 여러 모양이 그려진 도화지에 붙여본다.<br>　– ○○가 좋아하는 스티커를 골라보자. ○○는 별 모양 스티커를 좋아하는구나.<br>　– 선생님은 동물 모양의 스티커를 사용할 거야.<br>　– 종이에 동그라미, 세모, 네모가 그려져 있네.<br>　– 별 모양 스티커를 네모 안에 붙이니까 별나라가 되었구나.<br>　– 세모 모양에도 붙여보고, 동그라미 모양에도 스티커를 붙여보자. |

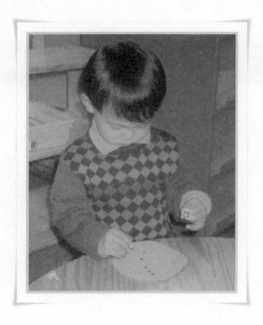

## ···51 상자 꾸미기

| | |
|---|---|
| **주요경험** | • 색종이를 잘라 본다.<br>• 상자를 꾸며 본다. |
| **준비물** | • 색종이 물풀, 안전가위, 빈 화장지 상자 |
| **활동방법** | 1. 준비물을 탐색한다.<br>　– 어디에서 본 것이니?<br>　– 이 안에 무엇이 있었을까?<br>　– 빈 화장지 상자구나.<br>2. 상자를 장식한다.<br>　– 상자를 색종이로 붙이려고 하는데 어떻게 해야 할까?<br>　– 색종이를 붙이기 쉽게 가위로 오려 보자.<br>　– ○○는 상자 어디에 먼저 붙이고 싶니?<br>　– ○○는 빨간색 색종이를 골랐구나.<br>　– ○○는 파란색, 노란색을 붙이고 있구나. |

## ···**52** 모양나라 만들기

| | |
|---|---|
| **주요경험** | • 같은 모양을 찾아본다.<br>• 같은 모양을 찾아 분류해 본다. |
| **준비물** | • 모양별로 오려진 색종이, 풀, 모양이 그려진 전지 |
| **활동방법** | 1. 색종이를 탐색한다.<br>　－ (색종이를 만지며) 여기 색종이가 있구나, 동그란 색종이, 네모난 색종이, 세<br>　　모난 색종이가 있네<br>　－ (전지에 그려진 모양을 가리키며) 여기에도 모양이 그려져 있구나, 네모, 세모,<br>　　동그라미<br>2. 색종이 모양과 전지에 그려진 같은 모양을 찾아본다.<br>　－ (색종이를 들고) 동그란 색종이와 같은 모양을 큰 종이에서 찾아보겠니?<br>　－ 동그란 색종이와 같은 모양이 여기에 있구나<br>3. 같은 모양을 찾아 색종이를 붙여본다.<br>　－ 이 동그란 종이를 어디에 붙이면 좋을까?<br>　－ 같은 동그라미를 찾아 붙이니까 동그라미나라가 되었네<br>　－ (색종이를 가리키며) 빨간색도 있고 초록색도 있고 파란색도 있고 여러 가지<br>　　색깔들이 있어 정말 아름다운 모양나라가 되었네<br>4. 다 그려진 작품을 벽면에 붙여 게시한다. |

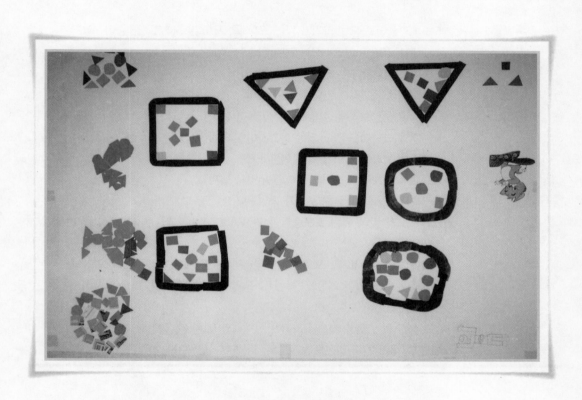

# **53** 포도송이 붙이기

| | |
|---|---|
| **주요경험** | • 낱알의 포도를 붙여 포도송이를 완성하는 기쁨을 느낀다.<br>• 포도의 색깔을 말할 수 있다. |
| **준비물** | • 보라색 종이로 오린 크기가 다른 포도 알, 포도가지가 그려진 종이, 풀 |
| **활동방법** | **1. 종이를 탐색한다.**<br>– 보라색 동그라미가 아주 많이 있네<br>– 동글동글 보라색 종이로 무얼 만들어 볼까?<br>– 큰 동그라미도 있고 작은 동그라미도 있네<br>**2. 종이에 보라색 포도 알을 붙여본다.**<br>– 여기에 보라색 종이를 붙이면 무엇이 될까?<br>– 어머 가지에 매달린 포도가 되었구나<br>– 포도가 많이 달린 포도송이를 만들어보자, 누가 더 큰 포도송이를 만들 수 있을까?<br>– (빈 공간) 여기에도 포도송이를 붙이면 더 큰 포도송이가 될 수 있겠다.<br>– 작은 포도 알이 여기에 숨어있었구나, 포도알의 크기가 다르구나<br>– 와, 정말 큰 포도송이가 되었구나,<br>– 정말 맛있겠다. (포도를 따서 먹는 흉내를 내며) 음, 상큼해, 새콤달콤, 자, 우리 친구 입에도 쏘~오옥, 선생님도 쏘~오옥, 정말 맛있다. |

# ··· **54** 얼굴 꾸미기

| | |
|---|---|
| **주요경험** | • 사진 속의 얼굴 위에 다양한 표현을 한다.<br>• 만족감과 재미를 느낀다. |
| **준비물** | • 인물 사진이나 잡지에서 오린 인물 사진, 풀, 굵은 싸인펜 |
| **활동방법** | 1. 자료를 탐색한다.<br>  – 여기에 여러 사람들의 사진이 있구나, 엄마와 아빠 사진도 있고, 책에서 오린 언니, 오빠 사진도 있네<br>  – 이 언니는 모자를 머리 위에 쓰고 있네, 그런데 이 언니는 모자를 쓰지 않았구나<br>  – 이 오빠는 손목에 시계를 차고 있네<br>2. 인물 사진을 꾸며 본다.<br>  – 여기에 있는 사람들의 얼굴과 옷을 다른 모양으로 꾸며 볼까?<br>  – 아빠 얼굴에 수염도 만들어 주고, 엄마 얼굴에 안경을 쓰여 볼까?<br>  – 엄마 귀에 귀걸이도 달아주고, 손가락에 반지도 끼워주고, 목에 목걸이도 걸어 주어 볼까?<br>  – 엄마 얼굴이 어떻게 변할까?<br>  – 언니에게 멋있는 모자도 씌여주자<br>  – 언니에게 립스틱을 발라 주면 어떻게 될까?<br>  – 정말 재미있는 사진으로 변했네<br>  – 언니가 이 사진을 보면 뭐라고 할까? |

# 55 가족사진 꾸미기

| 주요경험 | • 가족의 모습을 변화 시켜본다.<br>• 다양하게 표현하는 즐거움을 느낀다. |
|---|---|
| 준비물 | • 가족사진, 굵은 싸인펜 |
| 활동방법 | 1. 자료를 탐색한다.<br>   – 여기에 무엇이 있니?<br>   – 가족들을 말해 볼 수 있겠니?<br>   – 가족들이 모두 모여 가족사진을 찍었구나<br>2. 가족사진 속의 얼굴을 꾸며본다.<br>   – 아빠를 어떻게 꾸며 볼까?<br>   – 아빠에게도 귀걸이와 반지를 끼어 주면 아빠 기분이 어떨까?<br>   – 빨간색으로 립스틱을 발라 주었구나, 엄마 얼굴이 더 예뻐졌네<br>   – 아기도 립스틱을 발랐구나. 아기도 반지를 끼웠네, 아기가 정말 좋아하겠다.<br>   – 정말 재미있는 가족 사진이 되었구나<br>3. 새로 꾸며진 가족사진을 전시한다. |

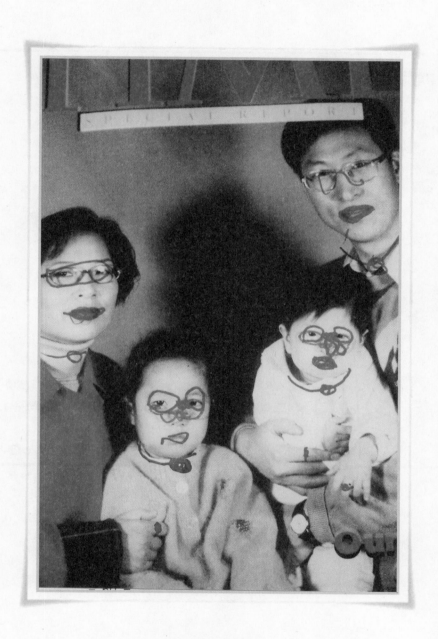

| | |
|---|---|
| **주요경험** | • 정해진 모양으로 **뽕뽕이를 놓아본다.**<br>• 부드러운 촉감을 느껴본다. |
| **준비물** | • 여러 색깔의 뽕뽕이, 양면 테이프, 여러 모양이 그려진 켄트지 |
| **활동방법** | 1. 준비물을 살펴본다.<br>　– 이것은 무엇일까?<br>　– 빨간색, 노란색, 파란색 **뽕뽕이들이** 많이 있네<br>　– 만져보자, 정말 부드럽네<br>　– 선생님이 들고 있는 것과 똑같은 노란색 **뽕뽕이를** 찾아볼까?<br>2. **뽕뽕이를 정해진 모양으로 놓아본다.**<br>　– 종이에 네모가 그려져 있네<br>　– 네모 위에 선생님이 테이프를 붙여볼게<br>　– 선생님이 테이프 위에 **뽕뽕이를** 놓았더니 붙었어<br>　– 친구들도 테이프 위에 **뽕뽕이를** 놓아보자<br>　– ○○는 네모 모양으로 **뽕뽕이를** 놓았구나, ○○는 동그라미가 되었네<br>　– 종이를 들어도 **뽕뽕이가** 떨어지지 않네, 테이프에 **뽕뽕이가** 붙었구나<br>　– 종이에 붙은 **뽕뽕이를** 손으로 만져보자<br>3. 벽에 게시하여 손으로 만져보거나, 바닥에 붙여주어 발로 밟아보게 한다. |

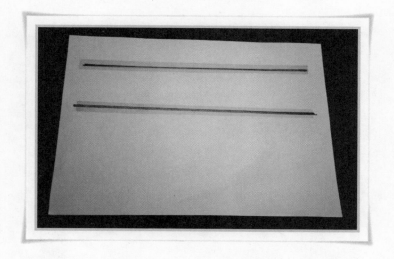

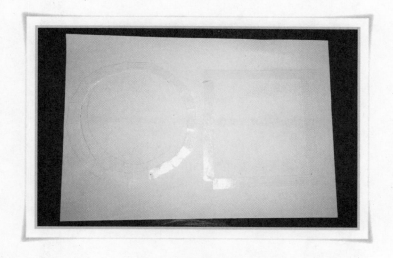

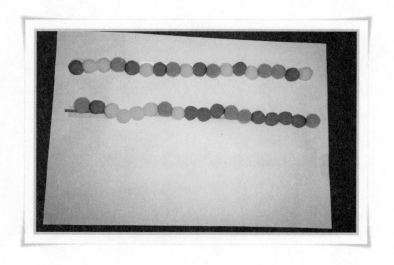

# **57** 휴지 위에 점찍기

| 주요경험 | • 휴지에 물이 스며드는 과정을 관찰한다. |
|---|---|
| 준비물 | • 화장지, 풀, 굵은 싸인펜 |
| 활동방법 | 1. 휴지를 종이 위에 붙인다.<br>　– 종이에 풀을 칠해 보자.<br>　– 그 위에 휴지를 놓고 눌러 볼까?<br>2. 휴지 위에 점을 찍는다.<br>　– 콕콕 휴지 위에 점을 찍어보자.<br>　– 점들이 점점 어떻게 변하니?<br>　– ○○는 초록색 점이 제일 크구나.<br>　– 어떻게 큰 점이 되었니? |

# ⋯ **58** 거품 핑거페인팅

| | |
|---|---|
| **주요경험** | • 거품을 만져보고 손가락 그림을 그려본다. |
| **준비물** | • 면도용 거품, 비닐, 화장지, 스케치북 |
| **활동방법** | 1. 책상위에 비닐을 깔고 그위에 거품통을 흔들어서 거품이 나오게 한다.<br> – 자 이렇게 위아래로 흔들어서 윗부분을 꾹 누르니까 하얀 거품이 나오는구나.<br> – 이 거품 본적이 있니?<br> – 그래 이 거품은 아빠가 면도할 때 턱에 바르는 비누야<br> – ○○가 한번 만져보겠니?<br> – 손가락으로, 이번에는 두 손으로 만져서 비벼 보겠니?<br> – 부들 부들, 미끌미끌, 뽀송 뽀송<br>2. 거품 그림을 그려보고 여러 가지 모양을 만들어 본다.<br> – 거품을 바닥에 놓고 문질러 볼까?<br> – 손가락으로, 손바닥으로 문질러 보자,<br> – 손가락으로 콕콕 찔러도 보고, 두손 안으로 담아보자.<br> – 동글동글 동그라미도, 긴 뱀도 만들어 볼까?<br> – ○○가 그린 얼굴에 거품으로 눈, 코, 입을 그리니까 눈사람 같구나. |
| **참고사항** | • 거품 만지는 손으로 입이나 눈을 만지지 않도록 세심한 주의가 필요하며, 화장지를 준비해 두어 눈을 만졌을 때 바로 닦도록 한다. |

## ···**59** 셀로판테이프 붙여보기

| | |
|---|---|
| **주요경험** | • 셀로판테이프를 붙여본다. |
| **준비물** | • 셀로판테이프, 커터기, 가위, 검정 색지, 도화지 |
| **활동방법** | 1. **셀로판 테이프를 보여준다.**<br>　– 여기 테이프가 있구나.<br>　– 선생님이 잘라 볼께.<br>　– 노란색 테이프도 잘라보고, 파란색 테이프도 잘라보자.<br>　– 이것은 종이가 찢어 졌을 때 붙이기도 한단다.<br>　– 이 테이프(잘려진)를 어떻게 했으면 좋겠니?<br>2. **여러 가지 색의 테이프를 종이에 붙여본다.**<br>　– 빨간색 테이프를 종이에 붙여보자. 어머! 길다란 선이 생겼구나<br>　– 노란색 테이프도 붙여보자. 빨간색 옆에 노란색을 붙여볼까?<br>　– 무슨색 테이프가 가장 길게 붙여졌니?<br>　– 무슨색 테이프가 가장 짧게 붙여졌니? |

# 60 이쑤시개 꽂아보기

| | |
|---|---|
| **주요경험** | • 스티로폼 공에 이쑤시개를 꽂아본다. |
| **준비물** | • 크기가 다른 스티로폼 공, 손잡이가 달린 이쑤시개, 뿅뿅 |
| **활동방법** | 1. 재료를 탐색한다. |

1. 재료를 탐색한다.
   - 여기에 무엇이 있니?
   - 무엇을 할 때 쓰는 거니?
   - 과일을 먹을 때 쓰는 이쑤시개가 있구나, 그런데 끝이 날카로워서 조심해야 겠어
   - 어것은 동그랗고 하얀 공처럼 생겼네, 데굴데굴 공처럼 잘 굴러가네, 그런데 공처럼 튀지는 않구나, 이것을 스티로폼 공이라고 해
2. 스티로폼 공에 이쑤시개를 꽂는다.
   - 이쑤시개와 공으로 무엇을 할 수 있을까?
   - 날카롭고 뾰족한 이쑤시개를 스티롬폼 공에 꽂아 보자
   - 이쑤시개가 어떻게 되었니?
   - 공 속으로 쏘 옥 잘 들어가네
   - 이쑤시개가 들어가면서 무슨 소리를 내니?
   - 뿌지직 소리가 나는구나
   - 더 여러 개를 꽂아 볼까? 조심조심 손이 다치지 않게 조심조심 꽂아 보자
3. 모양을 감상한다.
   - 이쑤시개를 여러 개 꽂았더니 무슨 모양이 되었니?
   - 그래, 여기에 눈과 코를 그리면 고슴도치 모양이 되겠구나
   - 작은 공보다 큰 공에는 이쑤시개를 많이 꽂을 수 있구나

# ··· 61 같은 색깔이 어디에 있을까요?

| | |
|---|---|
| **주요경험** | • 색깔의 이름을 말해본다.<br>• 같은 색깔을 찾아본다. |
| **준비물** | • 다양한 색깔이 들어있는 옷을 입은 유아 |
| **활동방법** | 1. 친구들의 옷에 대해 이야기한다.<br>　– ○○는 오늘 분홍색 치마를 입고 왔구나<br>　– ○○는 빨간색 양말을 신고 왔고, ○○도 빨간색 양말을 신고 왔어,<br>　– ○○와 ○○는 같은 빨간 색 양말을 신고 왔구나<br>2. 친구들의 옷과 교실의 사물 중에서 같은 색깔을 찾아본다.<br>　– 자기 옷에 노란색이 들어있는지 찾아볼 수 있겠니?<br>　– 노란색이 어디에 있니?<br>　– 그래, ○○의 옷에 노란색 자동차가 그려져 있구나<br>　– 이번에는 검은색을 찾아보겠니?<br>　– 자기 옷에 검은색이 들어있는 친구는 모두 함께 모여 보세요<br>　– 우리 친구들이 입고 있는 옷 어디에 검은색이 들어있는지 찾아볼까?<br>　– 이번에는 우리 반에서 색깔을 찾아보자<br>　– 초록색은 어디에 있을까? 찾아서 가져올 수 있겠니?<br>　– 자기 옷에도 초록색이 있는지 찾아보고 같은 색인지 대어보자<br>3. 색깔을 찾아보고 행동한다.<br>　– 자기 옷이나 양말에 분홍색이 들어있는 친구는 실외놀이터로 나가세요<br>　– 이번에는 자기 양말에 빨간색이 들어있는 친구도 나가세요 |

## **62** 내 얼굴이 있는 꽃

| | |
|---|---|
| **주요경험** | • 자존감을 느낀다<br>• 꽃 모양을 장식한다. |
| **준비물** | • 종이 컵, 꽃 모양 스티커, 빨대, 접착 테이프, 영아사진(종이 컵 바닥에 붙일 정도로 동그랗게 오린 사진) |
| **활동방법** | **1. 종이컵을 꽃 모양으로 자른다.**<br> – 물을 마시는 종이컵이 여기에 있네, 오늘은 이것으로 무엇을 만들어볼까?<br> – 선생님이 가위로 종이컵을 잘라 볼게요<br> – 삭, 삭, 삭 가위질 할 때마다 소리가 나네, ○○도 소리를 내어 보겠니?<br> – 다 자른 다음에 손으로 꼭 눌러서 꽃을 활짝 피어나게 해 보자<br> – 자, ○○가 눌러 보겠니?<br>**2. 종이 컵의 아래 부분에 영아의 사진을 붙인다.**<br> – 선생님이 친구들의 사진을 동그랗게 오려 놓았어<br> – 자기 사진을 찾아보겠니?<br> – 친구의 사진도 찾아볼까?<br> – 사진 뒤쪽에 풀을 붙여 종이컵의 동그란 부분에 붙여 보자<br> – 친구들의 얼굴이 동그라미 속에 쏘옥 들어갔구나<br>**3. 꽃잎 뒤쪽에 빨대를 붙인다.**<br> – 꽃을 만들었는데, 줄기가 없으니까 빨대로 줄기를 만들어 주자. 꽃잎 뒤쪽에 빨대를 놓고 테이프로 붙이면 되는 거야, 선생님이 잡고 있을테니까 ○○가 테이프를 붙여 보겠니?<br> – 한 번 붙이면 떨어질 수 있으니까 한 번 더 붙여 볼까?<br>**4. 꽃잎을 장식한다.**<br> – 여기에 여러 모양의 스티커가 있는데 이것으로 꽃잎에 붙여볼까?<br> – 알록달록 여러 색의 꽃잎이 되었구나 |

## ⋯ **63** 솜사탕

| | |
|---|---|
| **주요경험** | • 부드러운 질감을 느낀다. |
| **준비물** | • 솜, 나무젓가락, 투명접착 테이프, 종이, 물풀, 그리기 도구, 솜사탕 노래 테이프 |
| **활동방법** | **1. 종이 위에 솜사탕 그림을 그린다.**<br>– 선생님이 지금 그림을 그리고 있는데, 무슨 그림일까 알아 맞춰 보세요.<br>(솜사탕을 그리며) 봉글 봉글 부드럽고 솜털처럼 생겼구요<br>– (나무젓가락을 붙이며) 아래쪽에는 나무젓가락과 같은 막대기가 달려있어요<br>무슨 모양을 닮았니?<br>**2. 종이 위의 솜사탕 그림에 솜을 붙인다.**<br>– (솜을 보이며) 이것은 무엇일까?<br>– 우리들이 덮고 자는 이불 속에도 들어있고, 겨울 옷 속에도 들어있어요<br>– 한 번 만져 보겠니?<br>– 정말 부드럽고, 따뜻한 느낌이 드네<br>– 이 솜을 조금씩 선생님처럼 떼어 보겠니?<br>**3. 입으로 솜을 불어 날려 본다.**<br>– 입으로 솜을 후 하고 불어보면 솜이 어떻게 될까?<br>– 누구 솜이 멀리 날아갔니?<br>– 날아간 솜을 다시 모아 보자<br>**4. 그림 위에 솜을 붙인다.**<br>– 그림위에 풀칠을 하고 여기에 있는 솜을 붙여 보자<br>– 종이가 보이지 않게 많은 솜을 붙여보자<br>– 무슨 모양이 되었니?<br>– 솜사탕 모양이 되었구나, 솜사탕 먹어본 친구 있니?<br>– 우리 솜사탕 노래 부르면서 계속 붙여 볼까?<br>※ 나뭇가지에 실처럼 날아든 솜사탕, 하얀 눈처럼 희고도 깨끗한 솜사탕,<br>엄마 손잡고 나들이 갈 때 먹어 본 솜사탕,<br>훅훅 불면은 구멍이 뚫리는 커다란 솜사탕 |

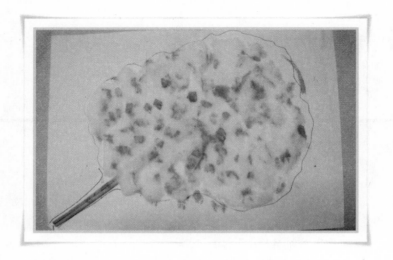

# 64 무슨 색으로 보일까?

| | |
|---|---|
| **주요경험** | • 같은 물체를 여러 색깔로 보는 경험을 한다.<br>• 가려지지 않는 색깔이 있음을 경험한다. |
| **준비물** | • 여러 가지 모양으로 잘라진 셀로판지, 풀, 16절지 크기의 투명 아세테이트지(TP지) 2장 |
| **활동방법** | 1. 자료를 탐색한다.<br>  – 만지니까 소리가 나네<br>  – 눈 가까이 대어보니 색깔이 다르게 보이네<br>2. 아세테이트지 위에 셀로판지를 붙인다.<br>  – 노란색 세모 모양을 비닐 위에 붙어볼까?<br>  – 한쪽에 풀을 칠하고 비닐 위에 붙인 다음 꼭꼭 눌러보자<br>  – ○○는 빨간색 동그라미를 골랐구나<br>3. 활동이 끝난 후 결과물 위에 아세테이트를 붙이거나 코팅하여 놀이를 한 후 유리창에 전시한다.<br>  – (결과물을 눈 가까이에 대고) 두 손으로 들어서 눈 가까에 대어볼까?<br>  – ○○ 친구의 얼굴이 빨간색으로 보이고, 모두다 빨간 색으로 보이네<br>  – ○○는 선생님의 얼굴이 무슨 색으로 보이니?<br>  – 유리창에 붙여놓으면 어떻게 될까?<br>  – 밖에 있는 나무들이 모두 노란색으로 보이네 |

# 65 실을 따라가요

| | |
|---|---|
| **주요경험** | • 스티커로 실을 고정한다.<br>• 실로 다양한 모양을 만들어 본다. |
| **준비물** | • 크고 모양이 다양한 스티커, 굵은 실, 종이 |
| **활동방법** | **1. 실과 스티커를 탐색한다.**<br>　– 여기에 실이 있네,<br>　– (실을 만지며) 실이 정말 부드럽다.<br>　– (실을 길게 늘어뜨리며) 정말 긴 실이구나,<br>　– (영아의 키에 실을 대어보며) 우리 친구 키 보다 더 짧구나<br>　– (스티커를 떼어내며) 떼었다 다시 붙일 수 있는 스티커가 있네, 스티커에 여러<br>　　가지 그림도 그려져 있구나<br>**2. 종이 위에 실을 놓아본다.**<br>　– 종이 위에 실을 놓아볼까?<br>　– 어머! 꼬불꼬불 모양이 되었구나<br>　– 동그란 모양도 나타났네<br>　– 출렁출렁 바닷물 모양이 되었네<br>**3. 스티커로 실을 고정시킨다.**<br>　– 실 위에 스티커를 붙여볼까?<br>　– 자, 실 위에 스티커를 붙이고 꼬–옥 눌러 보자<br>　– 스티커를 붙이니까 실이 움직이지 안네<br>　– 정말 길고 꼬불꼬불한 실 길이 되었네<br>　– (종이를 들어 흔들며) 종이를 들어도 실이 떨어지지 않는구나 스티커가 실을<br>　　움직이지 않게 해 주었어 |
| **참고사항** | • 스티커로 실을 고정할 때 교사가 시작점과 중간점을 붙여 줄 수 있으며, 영아들<br>은 소근육 조절 능력이 부족하므로 얇은 실이나 작은 스티커를 사용하지 않도<br>록 하며, 영아 1인당 실의 길이는 50~60㎝ 정도가 적당하다. |

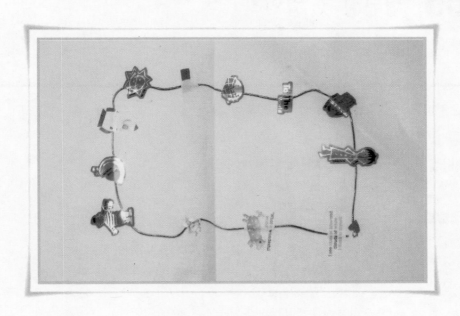

# 66 장난감 옷 입히기

| 주요경험 | • 호일을 이용하여 장난감을 가려본다. |
|---|---|
| 준비물 | • 여러 가지 장난감, 알루미늄 호일 |
| 활동방법 | 1. 호일을 탐색해 본다.<br>　– 여기 반짝 반짝 빛나는 종이가 있구나, 어디에 쓰는 것일까?<br>　– 음식을 보관할 때 사용하는 종이란다. 호일이라고 해, 만져볼까?<br>　– 얼굴을 비춰볼까? 거울같이 얼굴이 보이네.<br>　– 선생님처럼 구겨보자.<br>　– 사각 사각 소리가 나네.<br>　– ○○는 바삭 바삭 낙엽 밟을 때 나는 소리가 나네.<br>　– 구기니까 호일이 엉망이 되어 버렸고, 작아져 버렸네.<br>2. 장난감을 골라 호일로 옷을 입혀본다.<br>　– ○○가 좋아하는 장난감을 골라보자. ○○는 공을 좋아하는구나.<br>　– 선생님은 네모 블럭을 좋아한단다. 호일로 장난감에 옷을 입혀보자.<br>　– ○○가 공에 호일 옷을 입히니까 동그란 공이 호일 속에 숨었구나.<br>　– 파란색 공이 빛나는 요술공으로 변하였네.<br>　– 선생님은 네모 블럭에 호일 옷을 입히니까 네모 블럭은 없어지고 선물상자<br>　　가 되었어.<br>　– 모두 같은 색으로 장난감이 변해 버렸네. |

# **67** 자연물로 모양 만들기

| | |
|---|---|
| **주요경험** | • 낙엽을 밟으며 걸어본다<br>• 떨어진 낙엽과 나뭇가지를 주워 모양을 만들어 본다. |
| **준비물** | • 낙엽, 나뭇가지, 양면테이프, 전지, 바구니 |
| **활동방법** | **1. 야외에서 낙엽을 밟는다.**<br>　– 떨어진 나뭇잎들이 많이 쌓여 있구나<br>　– 나뭇잎들이 바람이 불어 날아다니네<br>　– 나뭇잎을 발로 밟고 코끼리처럼 걸어보자.<br>　– 걸을 때 무슨 소리가 났니?<br>　– 이번에는 캥거루처럼 나뭇잎 위를 뛰어 볼까?<br>　– 다람쥐처럼 달려보자<br>**2. 낙엽과 나뭇가지를 줍는다.**<br>　– 나뭇잎을 주워 바구니에 담아볼까?<br>　– 노란색 은행잎을 주워보자.<br>　– 초록색 나뭇잎도 있구나<br>　– 나뭇가지도 주워볼까?<br>　– ○○는 마른 풀들도 주웠구나<br>　– 솔방울이 떨어져 있네<br>**3. 전지에 주운 자연물들을 붙인다.**<br>　– 여기 큰 종이 가운데에 선생님이 테이프를 붙여 놓았어<br>　– 종이 위에 나뭇잎을 놓아 보자<br>　– 나뭇가지는 어디에 놓아볼까?<br>　– 마른 풀잎을 안쪽으로 놓아 볼까?<br>　– 테이프가 있는 가운데에 놓아 보자 |

# **68** 생크림 그림

| | |
|---|---|
| **주요경험** | • 거품을 이용하여 그림을 그린다.<br>• 거품의 촉감을 느낀다. |
| **준비물** | • 생크림 거품, 검은색 비닐 큰 것, 물티슈 |
| **활동방법** | 1. 생크림 거품 통을 흔들어 본다.<br>  – 여기에 통이 있네<br>  – 이 통 안에 무엇이 들어있을까?<br>  – 무슨 소리가 들리는지 흔들어 볼까?<br>  – 다른 친구들도 흔들어 보겠니?<br>  – 무엇인가 들어있는 것 같은데 소리가 잘 들리지 않네<br>2. 거품을 만든다.<br>  – 여기를 선생님이 눌러 볼 테니 무엇이 나오는지 보세요<br>  – 하얀 거품이 나오네, 케익을 만들때 쓰는 생크림이 거품이 되어 계속 나오고 있어, ○○도 눌러 보겠니?<br>3. 손으로 만지며 손가락으로 그림을 그린다.<br>  – 손으로 만져 볼까? 어떤 느낌이 드니?<br>  – 정말 부드러운 느낌이야, 부들부들 부드러운 솜 사탕처럼 부드럽네<br>  – 거품을 손으로 쑤 욱 눌러도 보고, 손가락으로 콕 콕 찍어도 보고, 비벼도 보고, 손 안에 거품을 넣고 꼭 쥐어보면 거품이 어떻게 되니?<br>  – 거품이 없어졌네, 거품이 손 밖으로 나와 버렸구나<br>  – 손가락으로 동글 동글 동그라미도 그려보고, 가운데 눈도 그렸더니 사람 얼굴이 되었네<br>  – 또 다른 그림도 그려보자<br>  – 손가락으로 그림을 그리니까 쟁반에 있는 그림도 보이구나 |
| **참고사항** | • 흰 달걀을 이용하여 거품기로 거품을 만든 후 활동할 수 있다. |

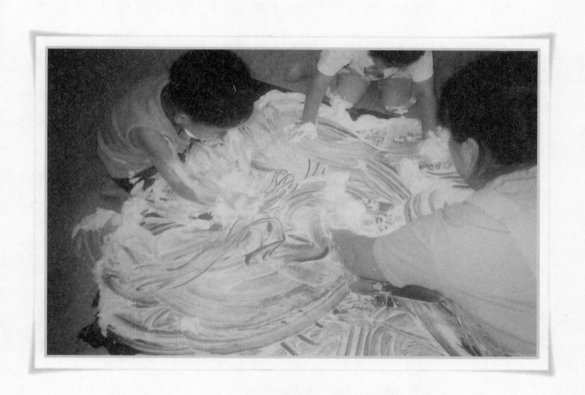

# 69 나비야 날아라

| | |
|---|---|
| **주요경험** | • 나비의 모습을 표현한다.<br>• 입으로 불어 나비를 날려본다. |
| **준비물** | • 색종이로 만든 나비 모양, 가는 빨대, 굵은 빨대, 접착테이프, 풀, 동그란 스티커 |
| **활동방법** | **1. 나비 만드는 방법**<br> – 색종이에 나비 모양을 그려 오린다.<br> – 나비 모양 뒷면 중앙에 가는 빨대를 테이프로 붙인다.<br> – 고정된 가는 빨대를 굵은 빨대 속에 끼운다.<br>**2. 색종이로 만든 나비 모양을 탐색한다.**<br> – 여기에 무엇이 있니?<br> – 나비 모양도 있고, 친구들이 좋아하는 스티커도 있네, 나비 몸을 야쿠르트 먹을 때 쓰는 빨대로 만들었구나<br>**3. 나비모양을 장식한다.**<br> – 우리 나비 몸에 눈도 만들어주고 예쁜 옷을 입혀 줘 볼까?<br> – 여기에 있는 여러 가지 스티커로 나비 옷을 입혀주자<br> – 스티커를 떼어내어 볼까? (떼어낸 스티커가 겹쳐지지 않도록 도와준다.)<br> – 어디에 붙이고 싶니?<br> – 정말 멋있는 나비가 되었구나<br>**4. 나비 뒤에 고정된 가는 빨대에 굵은 빨대를 끼우고 입으로 불어 나비를 날려 본다.**<br> – 빨대를 입으로 후~ 하고 불어볼까?<br> – 어머, 나비가 멀리 날아가네, 다시 나비를 끼우고 또 불어보자<br> – 세게 한번 불어 볼까?, 나비가 더 멀리 날아 갔구나<br>**5. 다른 방법으로 나비를 날려 본다.**<br> – 이번에는 나비 몸을 잡고 나비와 함께 달려볼까?<br> – 나비가 팔랑 팔랑 날아 가네<br>**6. 밖으로 나가 나비를 날려본다.**<br> – 달리면서 나비를 날려보자<br> – '나비야' 노래 부르면서 달려 볼까? |

# **70** 밀가루 반죽 목걸이

| | |
|---|---|
| **주요경험** | • 밀가루 반죽의 촉감을 느껴본다.<br>• 모양틀로 여러 가지 모양을 만들어 본다. |
| **준비물** | • 밀가루 반죽, 접시, 모양틀,. 클립, 굵은 실 |
| **활동방법** | **1. 밀가루를 반죽한 후 영아에게 제시한다.**<br>　– 여기 노란색 말랑 말랑한 것이 있네. 무엇일까? 밀가루 반죽이네.<br>　– 만져볼까? 부드럽고, 말랑 말랑 하네.<br>**2. 다양한 방법으로 주물러 본다.**<br>　– 손으로 꼭꼭 눌러 볼까? 주먹으로 탕탕 쳐보자, 탕탕 탕탕탕~<br>　　밀가루 반죽이 넓어졌네.<br>　– 두 손으로 말아서 길게 만들어 볼까? 우와 기차처럼 길어졌구나.<br>**3. 모양틀로 밀가루 반죽을 찍어본다.**<br>　– 쟁반처럼 넓게 펼쳐 보자.<br>　– 탕탕 두드리고 쑥쑥 밀어서 밀가루 반죽에 모양틀을 찍어보자. 무슨 모양이<br>　　나왔어?<br>　– ○○는 곰돌이 모양이 나왔구나.<br>　– ○○는 붕붕 자동차 모양이 되었네.<br>　– 우와. 멋진 자동차가 되었구나. 창문과 손잡이도 그리고 바퀴도 그려보자.<br>**4. 찍혀진 모양으로 팬던트를 만든다.**<br>　– 여기 실에 클립이 끼워져 있네.<br>　– 친구들이 찍은 모양을 클립에 끼워보자.<br>　– 클립이 밀가루 반죽 속으로 숨어 버렸네.<br>　– 친구 목에 걸어 볼까?<br>　– 자동차 목걸이가 되었구나. |

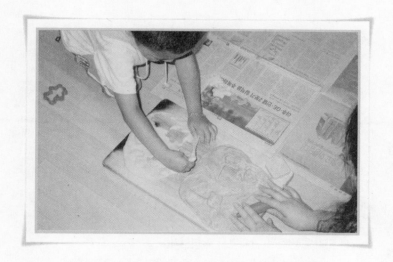

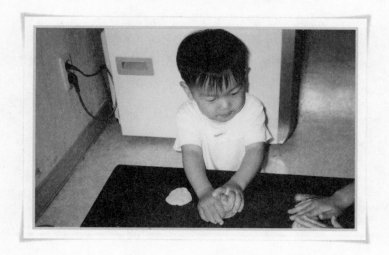

# ⋯ **71** 밀가루 반죽에 꽂아보기

| | |
|---|---|
| **주요경험** | • 밀가루 반죽을 만져본다.<br>• 밀가루 반죽 위에 여러 가지 물건을 꽂아본다. |
| **준비물** | • 밀가루 반죽, 면봉, 빨대, 나무 젓가락 |
| **활동방법** | 1. 밀가루 반죽을 만지면서 탐색한다.<br> – 부드럽고 말랑말랑한 밀가루 반죽이 있네. 만져볼까?<br> – 선생님처럼 길게 한번 주욱 늘려보자. 뱀처럼 길게 늘어났네.<br> – 이번에는 주물러 보자, (주무르면서) 주물주물주물<br>2. **영아와 함께 동그랗게 모양을 만든 후 여러 가지 물건을 꽂아 본다.**<br> – 반죽한 모양이 ○○이 얼굴처럼 동그랗게 되었구나.<br> – 동그란 밀가루 반죽에 면봉을 꽂아보자. 나무 젓가락도 꽂아보자, 쏘옥 들어<br> 갔네. 어! 세워졌어<br> – 다른 것도 꽂아 보자.<br> – 빨간색 빨대와 파란색 빨대도 꽂아보자. |
| **참고사항** | • 밀가루 반죽에 꽂아보기 활동을 하기 위해서는 밀가루 반죽을 되게 해야 한다. |

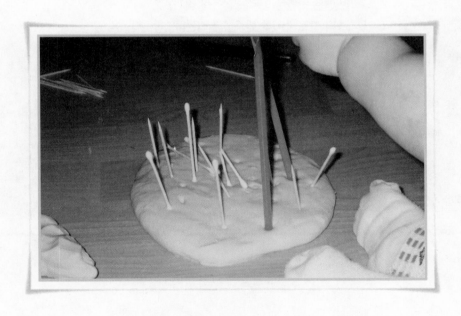

## ··· **72** 밀가루 반죽 자르고 뭉치기

| | |
|---|---|
| **주요경험** | • 밀가루 반죽의 말랑말랑한 촉감을 경험한다.<br>• 밀가루 반죽을 다양한 방법으로 잘라본다. |
| **준비물** | • 템페라 물감이나, 자연물(당근 즙, 오이 즙, 양배추, 오렌지 즙, 카레물 등)로 반죽<br>한 2~3색의 밀가루 반죽, 빵칼이나 소꿉용 칼 |
| **활동방법** | 1. 적당량의 밀가루 반죽을 영아에게 나누어준다.<br>　– 여기에 밀가루 반죽이 있구나, (밀가루 반죽을 가리키며) 노란색 밀가루 반죽<br>　　도 있고, 초록색 밀가루 반죽도 있네<br>　– 어떤 색의 밀가루 반죽을 가지고 싶니?<br>2. 손으로 밀가루 반죽을 떼어낸다.<br>　– (손으로 밀가루 반죽을 떼어내며) 밀가루 반죽을 이렇게 떼어내서 무얼 만들까?<br>　– 동글동글 포도 알맹이가 되었네<br>　– 이번에는 맛있는 만두도 만들어 볼까?<br>3. 플라스틱 칼로 밀가루 반죽을 잘라본다.<br>　– 밀가루 반죽을 뱀처럼 길게 만들어 볼까?<br>　– 누가 누가 더 길게 만들 수 있을까?<br>　– 이번에는 다른 방법으로 밀가루 반죽을 잘라보자<br>　– 케익을 자를 때 쓰는 칼이 여기에 있네, 이 칼로 밀가루 반죽을 잘라 볼까?<br>　– 칼을 밀가루 반죽 위에 놓고 힘껏 눌러서 선생님처럼 문질러 보자<br>　– 정말 여러 개의 밀가루 반죽이 되었구나<br>　– 이번에는 잘라진 밀가루 반죽을 함께 다 모아서 선생님처럼 손에 힘을 주고<br>　　눌러보자<br>　– 다시 하나가 되었구나 |

# ···**73** 밀가루 반죽에 손·발 찍기

| | |
|---|---|
| **주요경험** | • 밀가루 반죽의 말랑말랑한 촉감을 경험한다.<br>• 밀가루 반죽에 손과 발의 모양을 찍어 본다. |
| **준비물** | • 자연물(당근 즙, 오이 즙, 양배추 즙, 오렌지 즙 등)로 반죽한 2~3색의 밀가루 반죽, 개인용 평형한 플라스틱 접시 |
| **활동방법** | 1. 충분한 양의 밀가루 반죽을 영아에게 나누어준다.<br>　- 어떤 색의 밀가루 반죽을 가지고 싶니?<br>　- 밀가루 반죽을 접시에 놓아보자<br>2. 밀가루 반죽에 손 모양을 찍어 본다.<br>　- 마음대로 밀가루 반죽을 만져 보세요.<br>　- 손가락을 밀가루 반죽에 하나씩 찍어 볼까?<br>　- 자, 엄지손가락도 찍고, 키가 가장 큰 가운데 손가락도 찍고, 새끼 손가락도 찍어보자<br>　- 이번에는 손가락을 모두 함께 찍어 볼까?<br>　- 손을 쫙 펴서 힘껏 눌러 보자<br>　- 어, 손바닥 모양이 나타났어<br>3. 밀가루 반죽에 발 모양을 찍어 본다.<br>　- 밀가루 반죽을 발로 마음껏 밟아 보자<br>　- 정말 부드러운 느낌이야<br>　- 발을 오랫동안 꾹 눌러 찍어 볼까?<br>　- 발바닥 모양이 나타났어<br>4. 발바닥 모양이 찍힌 접시에 영아의 이름을 쓰고 전시한다. |

# **74** 밀가루 반죽 주무르기

| 주요경험 | • 밀가루 반죽을 만지면서 말랑말랑한 촉감을 경험한다.<br>• 밀가루 반죽을 마음대로 주무르며 여러 가지 모양을 만들어 본다. |
|---|---|
| 준비물 | • 자연물(당근 즙, 오이 즙, 양배추 즙, 오렌지 즙 등)로 반죽한 2~3색의 밀가루 반죽 |
| 활동방법 | 1. 밀가루 반죽을 나누어주고 탐색하게 한다.<br>　　– 이것은 노란색 밀가루 반죽이네,<br>　　– (오렌지를 보이며) 오렌지색하고 비슷하구나<br>2. 교사가 다양한 방법(늘려보고, 눌러 보고, 주물러 보고….)으로 표현을 하면서 같이 영아가 할 수 있도록 유도한다.<br>　　– 아이 부드러워, 우리 친구 볼처럼 부드럽네<br>　　– 손바닥으로 두드려 볼까?<br>　　– 이번에는 손가락을 넣으니까 쏘 ~오옥 들어가네, 어머 구멍이 생겼어, 여러 개의 구멍을 만들어 보자<br>　　– 들어서 두 손으로 만지니까 반죽이 길게 늘어나네, 뱀처럼 길게 늘어났네<br>　　– 이것으로 동그라미도 만들 수 있구나<br>　　– 조금씩 떼어지기도 하네, 이것을(떼어진 밀가루 반죽) 다시 모아서 주무르면 하나가 되네 |
| 참고사항 | • 영아들은 활동을 하는 도중에 자주 손이 입에 들어가므로 영아들이 가지고 노는 놀잇감은 영아의 몸에 해가 없는 물질로 만들어야 한다. 밀가루 반죽에 색깔을 내기 위해서도 템페라 물감, 식용색소, 자연물을 이용하여 색깔을 내어야 안전하다. 밀가루 반죽을 만들때는 영아들의 손에 묻지 않게 하기 위하여 식용유를 약간 넣으며, 빨리 부패하지 않기 위하여 소금을 넣으면 좀 더 오랫동안 가지고 놀 수 있다. 보관할 때는 랩이나 지퍼백에 넣어 냉장고에 보관하고 놀이하기 2~3시간 전에 꺼내 놓는다. 반복하여 사용할 경우 2회 이상 사용하지 않도록 한다. |

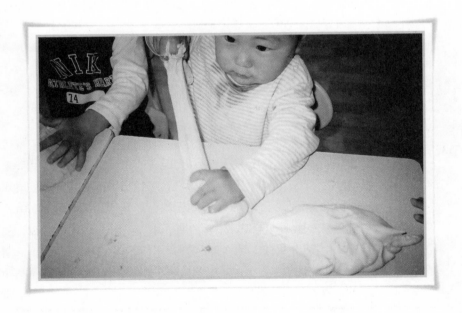

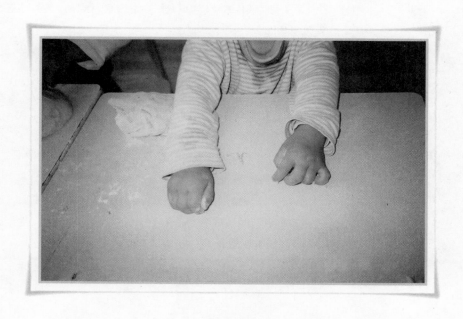

## ··· **75** 꽃잎과 나뭇잎이 밀가루 반죽을 만났을 때

| | |
|---|---|
| **주요경험** | • 밀가루 반죽을 늘려본다.<br>• 밀가루 반죽 위에 꽃잎과 나뭇잎을 놓아 본다. |
| **준비물** | • 밀가루 반죽, 떨어진 꽃잎과 나뭇잎, 빈 떠먹는 요구르트 그릇 |
| **활동방법** | 1. 야외에서 꽃잎과 나뭇잎을 줍는다.<br>   – 여기에 무엇이 있니?<br>   – 노란색 개나리구나.<br>   – 초록색 나뭇잎도 있고, 분홍색 진달래 꽃도 있네.<br>   – 떨어진 나뭇잎과 꽃잎을 그릇에 담아볼까.<br>2. 밀가루를 반으로 나누어 모양을 만든다.<br>   – 여기에 밀가루 반죽이 있네. 큰 덩어리가 되었네.<br>   – 선생님처럼 반죽을 떼어 보자, 덩어리를 한 손으로 누르고 다른 한 손으로 반죽을 떼어 내어 보자.<br>   – 떼어낸 반죽을 두 손으로 동글 동글 돌린 다음, 손바닥으로 세게 눌러 볼까?<br>   – 동그란 모양이 되었네.<br>   – ○○는 아주 큰 동그라미를 만들었구나.<br>3. 밀가루 반죽 위에 꽃잎과 나뭇잎을 놓아 본다.<br>   – 친구들이 주워 온 꽃잎과 나뭇잎을 쟁반에 모두 모아보자.<br>   – 와, 정말 많은 꽃잎과 나뭇잎이 모아졌네. 쟁반이 꽃밭으로 변했어.<br>   – 꽃잎을 떼어 반죽 위에 놓고 손가락으로 눌러 보자, 꽃잎이 반죽에 붙었네.<br>   – 꽃잎 두 개를 나란히 놓고 나뭇잎을 놓았더니 사람 얼굴 모양이 되었네.<br>   – ○○는 진달래 꽃 모양이 되었구나.<br>   – ○○는 개나리 꽃밭이 되었네. |

# **76** 밀가루 점토 목걸이 만들기

| | |
|---|---|
| **주요경험** | • 밀가루 반죽의 촉감을 느껴본다.<br>• 밀가루 반죽으로 목걸이를 만들어 본다. |
| **준비물** | • 밀가루 반죽, 물, 소금, 식용유, 리본끈, 클립 |
| **활동방법** | **1. 밀가루를 반죽한다.**<br> – ○○야. 이건 밀가루라고 한단다. 만져보겠니? 느낌이 어때.<br> – 부드럽지. 밀가루에 물을 붓고 소금과 기름을 넣어서 주물러 보자.<br> – 어머 흰가루가 물을 넣어서 주물렀더니 덩어리가 되었구나.<br>**2. 밀가루 반죽으로 다양한 활동을 한다.**<br> – 밀가루 반죽을 손가락으로 눌러볼까? 손으로 길게 늘여 뜨려 보자. 우와 길<br> 다란 기차 같구나.<br> – 반죽을 조금씩 뜯어서 나누어 보자. 하나,둘, 셋….<br> – 뜯어진 반죽을 두 손으로 동그랗게 만들어볼까?<br>**3. 목걸이를 만든다.**<br> – 작은 밀가루 반죽을 주물러보자.<br> – 작은 반죽은 ○○의 손에서 동그란 모양으로 만들어졌구나.<br> – 이것을 리본 끈 클립에 메달아 보자. 클립이 밀가루 반죽속으로 들어갔구나.<br> – 여러개를 끈에 메달아 볼까? 여기도, 저기도…<br>**4. 목걸이를 목에 걸어준다.** |

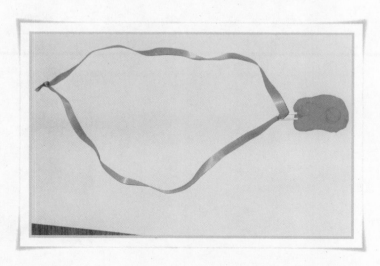

# **77** 밀가루 반죽 속 보물찾기

| | |
|---|---|
| **주요경험** | • 밀가루 반죽을 만져본다.<br>• 밀가루 반죽 속에서 물건을 찾아본다. |
| **준비물** | • 밀가루, 물, 소금, 식용유, 구슬, 피땅콩, 호두, 단추, 동전 |
| **활동방법** | **1. 밀가루를 만져본다.**<br>   – 여기 밀가루 반죽이 있네. 손으로 만져보고 선생님처럼 주물러 볼까?<br>   – 우리 친구 볼처럼 부드럽구나.<br>   – 친구들 볼을 만져볼까?<br>   – 손가락을 밀가루 반죽 속에 넣어 보이지 않게 해볼까?<br>**2. 반죽한 밀가루 속에 동전, 구슬, 피땅콩, 호두 등을 넣는다.**<br>   – 동전(구슬, 피땅콩, 호두 등)을 밀가루 속에 숨겨보자.<br>   – 모두들 밀가루 반족 속으로 없어져 버렸네<br>**3. 밀가루 속에 숨긴 보물이 보이지 않도록 다시 주무른다.**<br>   – 처음처럼 밀가루 반죽을 또 주물러 보자<br>   – (눈을 감고) 이것이 무엇일까, 선생님 손바닥에 딱딱한 느낌이 드네<br>**4. 밀가루 속에서 보물을 찾아본다.**<br>   – 조금 전에 숨겼던 것을 찾아보자<br>   – 선생님은 땅콩을 찾았어<br>   – ○○는 호두를 찾았구나<br>   – 누가 가장 많이 찾았을까? |

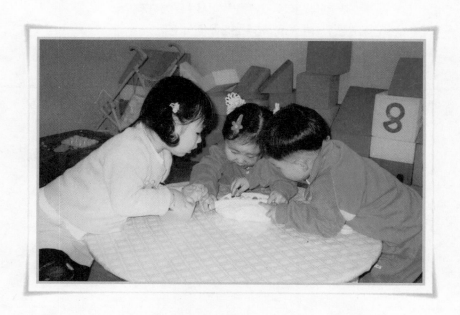

# ···**78** 밀가루 반죽 채우기

| | |
|---|---|
| **주요경험** | • 밀가루 반죽을 떼어서 채워보는 경험을 한다.<br>• 전체와 부분의 관계를 경험한다. |
| **준비물** | • 젤리포 빈 용기, 밀가루 반죽, 면봉 |
| **활동방법** | 1. 자료를 탐색한다.<br>　– 여기에 무엇이 있니?<br>　– 맛있게 먹었던 젤리포 그릇이 있구나. 밀가루 반죽도 있고<br>2. 밀가루 반죽을 떼어 젤리포 그릇에 채워보는 활동을 한다.<br>　– 말랑말랑, 부들부들 밀가루 반죽을 조금씩 떼어보자<br>　– 떼어낸 밀가루 반죽을 젤리포 그릇에 다시 넣어 볼까?<br>　– 손으로 꾸~욱 누르면서 빈 그릇을 다 채워 보자<br>　– 여러 색의 밀가루 반죽을 섞어서 채워볼까?<br>3. 채워진 밀가루 반죽 위에 면봉을 꼽아 본다.<br>　– 조심조심 면봉을 밀가루 반죽 위에 꼽아 볼까?<br>　– 여러 개의 면봉을 꼽을 수 있구나 |

## 저자 소개

강숙현 ___ 현) 순천제일대학 유아교육과 교수

이민경 ___ 현) 순천제일대학 유아교육과 교수

김진화 ___ 현) 순천제일대학 사회복지과 겸임교수
　　　　　　　부설 보육교사교육원 전임교수

## 영아 미술교육

지은이 | 강숙현, 이민경, 김진화
펴낸이 | 이범만
펴낸곳 | 21세기사

초판 1쇄 인쇄 | 2006년 02월 20일
초판 1쇄 발행 | 2006년 02월 28일

등록 | 제406-00015호
주소 | 413-834 경기도 파주시 교하읍 산남리 283-10
전화 | 031-942-7861
팩스 | 031-942-7864

가격: 15,000원

홈페이지 | www.21cbook.co.kr

ⓒ 2006 21세기사